괜찮다고
말하면
달라지는 것들

마음이 불안할 때 용기를 주는 작은 책

괜찮다고
말하면
달라지는 것들

세라 퀴글리·메릴린 시로여 지음 | 이지혜 옮김

갈매나무

Contents

프롤로그 "두려워해도 괜찮아요." · 9

1부 불안과 마주하기
남보다 조금 더 예민한 당신에게 들려주고 싶은 이야기

두려움은 괴물이 아니다 · 20

내 감정 속에 어떤 메시지가 숨어 있을까? · 23

누구에게나 비이성적인 불안이 있다 · 27

손도 까딱하지 못하는 상황에서 기억해야 하는 것 · 30

너무 사소하거나, 너무 엄청나거나 · 34

걱정이 불운을 막아준다는 믿음에 대하여 · 37

무의식적인 불안은 어디서 오는가 · 41

두려움인가 공포증인가 · 45

앞으로 무슨 일이 벌어질지 알고 사는 것은 불가능하다 · 49

완벽한 '동그라미'가 될 필요는 없다 · 53

"괜히 용감해지려고 애쓰지 마세요." · 57

우리를 힘들게 하는 의미 없는 상상 · 59

최악의 상황을 상상하는 습관이 있다면 · 64

"무언가를 하려 하지 마라, 일단 그 자리에 앉아보라." · 67

위험 요소가 많은 세상에서 살아간다는 것 · 70

사소한 결심이 습관이 되는 과정 · 74

우리는 홀로 길을 걷지만 혼자가 아니다 · 78

'빌린' 인생을 받아들이는 법 · 82

"완벽하지 못한 날 용서한다." · 85

2부 불안한 감정 느끼기
비관주의와 제대로 이별하는 방식

두려움에 인사를 건넬 시간 · 90

구원자는 바깥에 있지 않다, 안에 있다 · 94

모든 감정을 음미하는 연습 · 97

불안을 해결해주는 한 가지 질문 · 100

자꾸만 감정에 휘둘리는 이유는 무엇인가 · 103

아무것도 하지 않는 시간이 필요하다 · 106

불편하고 끔찍하지만 외면할 수 없다면 · 110

깊은 심호흡이 필요한 순간 · 113
자기 자신을 깔아뭉개는 습관을 버려야 한다 · 116
비관주의와 제대로 이별하는 방식 · 120
왜 지금 정면승부해야 할까? · 124
아무 일도 없는 것이 더 불안한 당신에게 · 127
어린 시절의 경험을 재구성하는 연습 · 131
용기를 길어 올릴 나만의 안식처가 필요하다 · 134
진짜 어른이 되는 최종 관문 · 138
일주일 동안 용감해지는 습관 · 142
두려움으로부터 완벽하게 자유로울 수는 없다 · 146
감히 용기를 낼 엄두가 나지 않을 때는 어떻게 할까? · 150
절반만 가도 끝까지 간 것과 다름없다 · 154
그리고 삶은 계속된다 · 157

3부 나를 변화시키기
괜찮다고 말하면 달라지는 것들

용기는 이미 내 안에 있다 · 162
사소한 한 가지 이유가 삶을 이끈다 · 165

변화가 시작되는 첫 번째 모퉁이 · 169
분노하라, 체념하지 말고 · 172
정말로 하고 싶은 것을 계속 미루고 있는가 · 175
나의 무의식에 숨어 있는 나를 찾아서… · 179
칭찬받고 싶다는 욕심을 어떻게 내려놓을까? · 183
때로 삶은 내 뜻대로 되지 않는다 · 188
성공한 삶인가, 가치 있는 삶인가 · 192
정말 원하는 것을 얻으면 행복해질까? · 195
실수하고 실패해도 괜찮아 · 199
꿈을 현실로 만들기 위해 꼭 필요한 것 · 203
예상치 못한 일들을 바라보는 관점 · 207
어떠한 상황에서도 삶의 의미를 찾는 능력 · 210
언제든 다시 시작할 수 있다 · 213
불확실성을 웃어넘길 수 있는가 · 217
당신에게 위로를 구하는 이를 외면하지 마라 · 220
도저히 견딜 수 없을 것 같아도 이 또한 지나간다 · 223
내 삶이 더 나아지게 하는 확실한 방법 · 227

에필로그 한 번에 하나씩 해결하라 · 231
Note 마음이 불안할 때 도움이 될 만한 책 · 238

프롤로그

"두려워해도 괜찮아요."

> 판에 박힌 위로의 말은 불안을 덜기 위한 해결책이 아니
> 다. '마음의 평화'에 대해 이야기하는 책들 역시 잘못된
> 처방일 수 있다. 두려워해야 할 때 두려워하는 것은 분
> 별 있는 행동이다.
>
> — 도로시 포스딕Dorothy Fosdick, 대외정책 전문가

4년 전 병원 검사실에서 채혈을 하는데 갑자기 팔이 떨려오기 시작했다. 피를 뽑는 것은 무섭지 않았다. 다만, 앞서 신경 계통에 문제가 있다는 진단을 받은 참이라 검사 결과가 어떻게 나올지 너무나 두려웠다. 불안해하는 내게 간호사가 물었다. "떨리세요?"

"네…… 네." 나는 더듬대며 대답했다. 부끄러워 견딜 수 없었다. 몸이 떨리는 것을 도무지 멈출 수 없었기 때문이다. 그때 간호사가 내게 말했다. "괜찮아요. 정말 괜찮아요."

그러나 내 마음은 전혀 괜찮지 않았다. '괜찮은' 상태에서 수억 광년은 떨어진 기분이었다. 검사 결과를 기다리며 혹시나 심각한 병일까 봐 노심초사하는 것은 지극히 당연한 일이다. 하지만 그때는 마냥 당연하게 생각할 수가 없었다. 우습게도 집으로 돌아오는

길에 운전을 하면서 차 뒤편에 이런 문구를 써 붙여둘 것을 그랬다는 생각이 들었다. '우주 최고의 겁쟁이가 운전하고 있습니다.'

지금은 그 간호사를 찾아가 그때 정말로 고마웠다고 말하고 싶다. 간호사라면 내게 이렇게 일장연설을 늘어놓을 수도 있었을 것이다. "다 큰 어른이 부끄러운 줄 알아요", "정신 똑바로 차리세요." 그러나 그날 그녀는 지금의 나와 같은 생각을 하고 있었던 것이 분명하다.

'두려워해도 괜찮아요.' 그녀가 내게 건넸던 이 한마디에 이 책속의 모든 이야기가 들어 있다. 당신의 삶 혹은 당신이 사랑하는 사람이 위협받을 때 불안하고 두려워하는 것은 당연하다. 실제로든, 비유적으로든 당신 발밑의 땅이 흔들리는 것을 느낄 때 두려움을 느끼는 것 역시 본능이다. 새로운 모험을 시작하려는 참이거나, 삶의 중요한 변화를 맞이하기 위해 용기를 내야 하는 순간에도 불안과 걱정이 필연적으로 당신을 따라온다. 이런 감정을 느낀다고 해서 부끄러워하거나, 죄책감을 갖거나, "누가 무서워한다고 그래? 난 아니야!" 하고 큰소리치며 허세를 부릴 필요는 없다. 두려워해도 괜찮으니까. 사실 두려움과 불안을 마주하고 느끼며 인식하는 과정은 그것을 완화시키기 위한 결정적인 첫걸음이다.

두려움과 불안을 다루는 방법은 아직 널리 알려져 있지 않다. 일반적으로 퍼져 있는 사고방식 탓에 우리는 두려움을 느끼고 기꺼이 인정하는 일을 수치스럽게 여긴다. 때로는 두려움을 가라앉히기 위해 시작한 무언가에 중독되기도 한다. 음식이나 술, TV, 섹스, 방대한 지식, 쇼핑 등 두려움을 덜어낼 수 있다면 무엇이든 중독의 대상이 된다.

심리학자인 메릴린과 함께 이 책을 쓰는 동안 우리는 한 가지 사실을 발견했다. 상당수의 도서와 자료들이 마치 두려움을 완전히 극복할 방법이 있는 것처럼 이야기한다는 사실이다. 이들은 두려움의 현실성을 부인하며, 두려움이란 그저 우리 내면의 자아가 죄책감을 느껴 만들어낸 상상에 불과하다고 주장한다. 그리고 사랑을 내면에 채워 넣으면 이 감정이 사라지고 평화가 생길 것이라고 말한다.

두려움은 망상에 불과하며, 온갖 심리학적·영성적 사고방식과 치료법을 동원하면 완전히 없애버릴 수 있다는 이야기는 제법 그럴듯하게 들린다. 그들의 말처럼 두려움을 단번에 싹 정리해버리면 얼마나 쉬울까? 구태여 두려움을 인지하라느니 하루하루 마주해보라느니 하는 것보다 훨씬 쉬운 방법일 것이다.

나와 메릴린 역시 처음에는 이런 방법을 찾고 싶었다. 하지만 끝내 찾지 못했다. 3년간 이 책을 쓰면서 우리는 100명이 넘는 사람들을 인터뷰했다. 다섯 살짜리 꼬마부터 아흔 줄에 들어선 노인까지 수많은 이들에게 두려움과 불안에 대해 질문했다. 그중 단 한 명의 여성만이 이렇게 말했다. "나는 아무것도 두렵지 않아요."

그 외의 사람들은 하나같이 마음속에 크고 작은 두려움을 품고 있었다. 고맙게도 그들은 그 두려움이 무엇인지, 용기를 내기 위한 나름의 방법을 어떻게 찾았는지 우리에게 들려주었다. 이와 함께 수많은 작가들의 드넓은 지식과 세월을 담아낸 책 속에서 두려움과 용기에 대한 좋은 생각들을 얻을 수 있었다. 나와 메릴린도 각자의 경험을 돌아보며 통찰을 거듭해보았다.

두려움과 불안은 실존하며 이로부터 영원히 도망칠 수 없다. 책을 쓰는 과정에서 우리는 이를 실감하면서도, 한편으론 삶이 아주 잠시나마 두려움을 피해 한숨 돌릴 기회를 주길 바랐다. 우주가 정말 공정하다면 우리가 두려움에서 벗어나 좀 더 많은 시간을 보내고 기운을 얻도록 해주어야 한다고 생각했다. 우리 두 사람은 이미 책 한 권을 쓰고도 남을 만큼 충분히 힘든 일들을 겪고 있었다. 물론 삶은 우리의 바람을 들어주지 않았다. 그 후로도 새로운 사건 사고들은 끊임없이 등장했다.

당시 나는 신경 계통 문제로 약간의 장애를 겪는 중이었는데 증상이 나아질지 더 나빠질지 알 수 없는 상태였다. 나는 미래에 대해 지나치게 낙관하지 않으면서도 계속되는 두려움을 껴안고 살아가는 방법을 배워야 했다. 전처럼 자연스럽게 마음의 평화를 누릴 수 있는 상태로 돌아갈 수 있을지 의심됐기에, 한편으로는 평화의 순간이 찾아올 때마다 매번 기적을 경험하는 것만 같았다. 그리고 여러 상황을 연달아 겪으면서 두려움을 마주하고 대면하며 두려움이 싹터도 괜찮다고 인정하는 과정을 거듭했다. 때로는 무척 고통스러웠지만 이런 연습 덕분에 전보다 열린 마음으로 이 책의 주제를 바라볼 수 있었다.

이 책의 공저자인 심리학자 메릴린은 별거와 이혼을 겪으면서 잊고 있던 이별의 두려움과 재회했다. 그녀는 복잡하기 그지없는 소송 문제를 처리하는 동안 겁만 주는 변호사까지 상대해야 했다. 설상가상으로 아직 10대였던 두 딸이 교통사고에 병까지 걸리며 여러 차례 아팠다. 상태는 심각했다. 그녀는 아이들을 잃을지도 모른다는 두려움과 매순간 마주해야 했다.

나와 메릴린은 두 다리를 두려움과 불안 속에 푹 담근 채 원고를 써내려가며 다음과 같은 생각들을 점검하고 정리해나갔다. 스스로를 실험 대상으로 삼은 셈이다. "두려움을 정면으로 느끼는 동안에도 우리는 진정한 기쁨을 경험할 수 있다. 이 단순한 과정을 매일 반복하다 보면 두려움이 용기와 친절, 연민, 지혜, 사랑,

신뢰, 인내, 평정, 차분함 또는 인정하는 마음으로 변할 수 있다. 설령 두려움이 너무나 커서 꿈쩍하지 않는다 해도 그 존재에 익숙해지면 조금씩 견딜 만해진다."

전부터 잘 알고 있다고 생각했지만, 최근 겪은 일들 덕분에 우리는 이런 진실을 마음 깊은 곳에서 실감했다. 메릴린과 나는 저자로서 겸허한 마음으로 이 책을 여러분에게 전하며 이렇게 말하고 싶다. 기말고사든 불치병이든 그 어떤 일이 닥쳐도 이겨낼 용기를 찾을 수 있다고 말이다.

용기, 우주가 우리에게 안겨준 선물

:

잠깐 멈춰 서서 당신이 무언가에 불안해하고 두려워하는 모습을 떠올려보자. 마치 어깨에 커다란 자루를 둘러업은 듯 보이지 않는가. 자루 안에는 무겁고 불쾌한 온갖 두려움들이 담겨 있다. 자잘하고 성가신 걱정거리들은 덤이다. 실제로 우리 주변을 둘러보거나 자신의 마음을 잘 들여다보면 두려움과 불안에서 벗어나고자 하는 것은 그저 그럴듯한 눈속임이 아니라 아주 훌륭한 시도라는 것을 알 수 있다.

영생이나 환생을 믿는 것과 관계없이 우리는 모두 언젠가 죽음을 맞이하게 된다. 그리고 이에 앞서 수차례 두려움을 체험한다. 어떤 이들은 견디기 힘든 육체적 고통을 겪기도 하고, 또 어떤 이들은 병마에 대한 두려움에 시달리다가 수명을 연장해준다는 것들에 현혹당하기도 한다. 그러나 삶의 끝에서 결국 죽는다는 사실은 변함없다.

평생 혼자 살까 봐 두려워하는 사람도 있다. 매일 판에 박힌 생활을 반복할까 봐 불안해하면서도 정작 새로운 영역에 도전하기는커녕 전전긍긍하기만 하는 사람도 있다. 모든 것을 다 가진다 해도 우리는 끊임없이 이런저런 걱정을 하며 행여 하나라도 잃어버릴까 봐 두려워하고 있을지도 모른다. '완전히 파산해서 길거리에 나앉으면 어쩌나?', '사랑하는 사람이 죽어버리면 어쩌나?'…….

갑자기 사고가 날까 봐, 자연 재해가 닥칠까 봐 불안한 사람들도 있다. 어쩌면 당신은 사람들과 다른 생각을 갖고 있기에 앞에 나서서 표현하기를 두려워할지도 모른다. 전보다 더 늙어서 외로워하고 죽음을 두려워하면서도 삶의 진짜 의미를 찾을 용기를 내지 못하는 사람도 있을 것이다.

이 세상을 살면서 우리가 두려움에서 벗어나 진정한 낙원을 찾을 방법은 오직 용기뿐이다. 은신처에서 과감히 뛰쳐나와 두려움에 맞서 기민하고 적절히 반응하는 것, 이런 자질이 바로 용기이다. 앞으로 이 책에서 등장하게 될 여러 인용문과 사례, 생각, 경험

등은 바로 이 용기라는 습관을 체득하는 방법을 가르쳐줄 것이다. '불안과 마주하기', '불안한 감정 느끼기', '나를 변화시키기'라는 세 가지 부는 내용상 간혹 겹치기도 할 것이다. 삶이 그러하듯 어딘가 모순되고 일치하지 않는 부분이 있을지도 모른다. 두려움을 반기는 방법이 등장하는 때가 있고, 정반대로 두려움을 향해 "꺼져!"라고 외치는 방법이 효과적이라고 설명할 때도 있을 것이다.

이 책을 마치 입문서처럼 처음부터 끝까지 순서대로 읽을 필요는 없다. 새벽 2시, 동틀 녘까지 잠들지 못하고 마음을 달래줄 상대가 필요할 때, 다음날 중요한 발표를 앞두고 너무 떨려서 아무것도 할 수 없는 상황일 때 이 책을 살며시 꺼내 읽어볼 수도 있을 것이다. 어쩌면 순서대로 쭉 읽는 것보다 같은 글귀나 장을 여러 번 읽는 편이 더 도움이 될지도 모른다. 그러니 마음 편히 페이지를 건너뛰며 지금 당신에게 끌리는 부분을 찾아보라.

여기 실린 58개의 장들은 독자들을 위해 되도록 짧은 호흡으로 썼다. 일상에서 두려움이 찾아올 때 단 몇 분 동안이라도 책장을 넘기며 용기를 내기 위한 시도를 해볼 수 있을 것이다. 아무쪼록 당신이 이 책을 다 읽었을 무렵에는 두려움과 불안을 대면하는 데 익숙해지길 소망한다.

용기는 우주가 우리 모두에게 안겨준 선물이다. 지금 당장은 스스로 용기와 거리가 먼 사람처럼 느껴질지 몰라도 당신 역시 예외

는 아니다. 당신 마음속에는 용기가 있다. 용기의 존재를 알아챌
수록 이 놀라운 선물은 크나큰 안도감을 선사할 것이다. 우리 안
에 이미 두려움을 마주할 용기의 씨앗이 있다는 사실을 안다는 것
은 얼마나 감동적인가. 용기가 습관처럼 자리 잡을수록 우리는 점
점 더 두려움에 강해진다. 그리고 마침내 세상 밖으로 나와 그 어
떤 두려움에도 맞설 수 있을 것이다.

1부

•

남보다 조금 더 예민한 당신에게
들려주고 싶은 이야기

일찍이 프랭클린 루즈벨트 Franklin Delano Roosevelt를 비롯해 몽테뉴 Michel de Montaigne, 베이컨 Francis Bacon, 소로 Henry David Thoreau와 같은 지성인들은 표현 방식만 조금 다를 뿐 모두 이런 말을 했다. "우리가 두려워해야 할 것은 두려움 그 자체밖에 없다."

사실 두려움과 불안을 막을 도리는 없다. 그러나 불편한 감정 앞에서 등을 돌리는 순간 우리는 불리해진다. 직접 대면하고 가늠해보지 않으면 지금 내 앞에 있는 것의 정체가 무엇인지 알 수 없다. 두려움을 두려워하면 우리는 제자리에 얼어붙어 꼼짝도 못하거나 뒤도 못보고 줄달음질 치게 된다.

그러나 주변 사람들이나 당신 내면의 도움을 받아 두려움과 불안에 정면으로 대응하면 이를 스스로 감당하는 법을 배울 수 있다. 우리가 정말로 두려워해야 하는 것은 두려움과 마주 보기를 두려워하는 마음이다.

두려움은 괴물이 아니다

두려움을 인정한다고 우울증이 생기거나 좌절감에 빠지지는 않는다. 진정으로 비겁한 것은 두려움의 존재를 인정하지 않는 데서 시작된다.

– 쵸감 트룽파Chögyam Trungpa, **티베트 불교 선구자**

두려움을 느끼는 것이 부끄러운가? 두려워해서는 '안 된다'라고 생각하는가? 무언가를 도저히 떨쳐버리지 못해 죄책감을 느끼거나 스스로를 무력하다고 여기는가?

우리는 두려움이나 불안을 완전히 지워버릴 수 없다. 이는 이미 동물 실험을 통해 과학적으로도 증명된 바 있다. 설치류를 대상으로 실험한 결과, 뇌 중심부 아래에 위치한 편도체와 관련된 한 가지 사실이 발견됐다. 편도체는 신경 섬유가 밀집한 부분인데 여기서 공포를 감지한다. 그런데 사고 활동의 중심인 대뇌 피질이 손상되었을 때조차 이 부분은 자극을 받는다는 것이 밝혀졌다.

이를 통해서 과학자들은 사고 활동뿐 아니라 외부 상황 또한 두려움이라는 감정을 일으킬 수 있다는 것을 유추했다. 우리가 두려움의 원인이 무엇인지 정확히 인식하기도 전에 자동적으로 느끼게 된다는 것이다. 1993년 9월 〈월스트리트저널Wall Street Journal〉에서 뉴욕대학교의 조지프 르두Joseph LeDoux 박사는 이렇게 말했다. "우리는 두려움이 뇌에 회로처럼 연결된 감정이라고 생각합니다."

두려움은 원초적이고 기본적인 감정으로서 생존을 위해 우리 몸에 내재되었다. 두려움을 인정하는 것이 비겁하다고 생각할지도 모르지만 사실은 전혀 그렇지 않다. 진정한 용기는 두려움의 존재를 받아들이는 데서 시작된다. 두려움의 존재를 인정하고 난 후에야 비로소 가장 적절한 대처가 가능해진다. 두려움을 오해하거나 과장하는 순간에도 좌절하거나 낙담할 필요 없다. 대신 두려움에 모든 것이 휩쓸리려 하는 순간 위협의 실체를 다시금 살펴보고 도움을 얻는 방법을 터득하면 된다.

일상적이고 변화무쌍한 감정

두려움은 일상적으로 경험하는 변화무쌍한 감정 가운데 극히 일부에 불과하다. 삶을 충실히 영위하는 과정에서 발생하는 자연스런 반응인 셈이다. 사실 우리가 살아가면서 두려워하는 것들은 점점 많아지기 마련이다. 사소하게는 매주 챙겨 보는 프로그램이 결방할까 봐 불안할 수도 있고, 사업을 위해 교섭 중이라면 상대에게 자칫 잘못 보일까 봐 두려울 수도 있다.

두려움을 인정하는 것이 당신에게 어떤 의미가 있을까? 우리는 흔히 이런 식으로 생각한다. "나는 두려워한다. 그러므로 약하다." 그러나 두려움을 인정함으로써 두려워하는 것을 수치스럽게 생각하지 않는 방법을 터득하면 생각은 이렇게 바뀔 수 있다. "나는 두려워한다. 그리고 두려움을 마주할 수 있을 만큼 강하다."

무엇이 당신을 두렵게 만드는가? 당신은 정확히 무엇을 두려워하는가? 미래에 벌어질 일인가, 아니면 어떤 사람인가? 어떻게 처리해야 좋을지 모를 민감한 상황인가? 병원에서 진단받았거나 혹은 아직 생기지도 않은 병인가? 직장 업무인가? 다시 중독에 빠질까 봐 두려운가? 당신이 느끼는 두려움을 구체적으로 떠올리며 이 질문에 성실하게 대답해보자. 동시에 창고 관리자처럼 두려움의 목록을 차곡차곡 정리해보자. 다만 당신 자신을 섣불리 판단하지는 말아야 한다. 그저 하나씩 관찰하고 기록하기만 하면 된다. 두려움을 무시하거나, 이에 마비되거나, 무조건 이치대로 설명할 필요는 없다. 두려움은 괴물이 아니라 당신 마음속의 메시지 전달자이다.

내 감정 속에 어떤 메시지가 숨어 있을까?

두려움은 생존에 없어서는 안 될 감정이다.
— 한나 아렌트Hannah Arendt, 철학자

나는 아렌트의 이 말을 좋아한다. 두려움이 가진 의미를 정확히 짚어주기 때문이다. 얼마 전 라디오 뉴스에서 정신 분열증이 있는 남자에 대한 보도를 들은 적이 있다. 그는 동물원에서 사자를 쓰다듬어보고 싶다며 울타리를 뛰어넘었다. 사자 무리에 접근한 그에게 사자 한 마리가 앞발을 휘둘렀지만 다행히 응급실에서 열일곱 바늘을 꿰매는 정도로 생명에는 지장이 없었다고 한다.

그 남자는 사자에 대한 두려움을 느끼지 않은 것이 분명하다. 과연 그래서 용감했다고 할 수 있을까? 그가 용감했던 것은 판단 능력 장애 때문이었다. 정신적으로 병을 앓고 있거나 술 또는 약에 취한 상태일 때, 세상일에 미숙하거나 순진무구할 때, 우리는 코앞에 닥친 위험을 제대로 알아차리지 못한다. 알아차린들 어떻게 대처할지 판단을 못하는 경우도 있다. 몇 년 전 어느 강의에서 정신과 의사 M. 스콧 펙M. Scott Peck은 이와 관련해 직설적으로 설명한 바 있다. "두려움이라는 감정의 부재는 용기가 아니라 뇌기능의 손상을 의미한다."

두려움으로부터의 자유는 도리어 우리를 어리석거나 무모한 행동으로 내몰 수 있다. 가령 우리의 행동을 통제하는 두려움이나 불안이 없다면 어떨까? 차들이 쌩쌩 달리는 고속도로를 무단횡단하거나, 생전 처음 만난 사람과 콘돔 없이 성관계를 맺을 수도 있고, 급류 경고를 무시하고 강으로 뛰어들지도 모른다.

나는 두려움에서 완벽하게 벗어난 적이 평생 동안 딱 한 번 있다. 무시무시한 수술을 앞두고 의사가 처방해준 신경안정제 두 알을 꿀꺽 삼킨 뒤였다. 덕분에 그 후 닥칠 45분간의 수술이 전혀 두렵지 않았다. 누군가 "불이야!" 하고 내 옆에서 소리를 지른다고 해도 아마 수술대 위에 얌전히 누워서 이렇게 말했을 것이다. "괜찮을 거예요. 아무 일도 없을걸요." 약물이 가져온 지나치게 안정된 상태로 인해 나는 본능적으로 반응할 수가 없었기 때문이다.

소설 《모비 딕Moby Dick》에서 작가 허먼 멜빌Herman Melville은 이렇게 말했다. "가장 믿을 만하고 쓸모 있는 용기는 닥쳐오는 위협을 올바로 판단하는 순간에 솟구친다." 두려움이야말로 이를 가능하게 한다. 두려움은 마치 메시지 전달자처럼 우리에게 지시를 보낸다. 신중하게 움직여라. 미친 듯이 달려라, 멈춰라, 혹은 계속 가라. 새로운 도전을 하라. 적절한 두려움은 이처럼 자연스러우며 지극히 무해하다.

용기가 찾아오는 길목

우리는 두려움 안에 있는 정보를 평가하고 그 쓸모를 판단하는 방법을 배울 수 있다. 또다시 중독에 빠질까 봐 불안하다면 재활 모임에 참여하기로 결정할 수 있다. 심장마비가 걱정된다면 나트륨과 지방 섭취량은 줄이고 적당히 운동하고 휴식하기로 결정할 수 있다. 삶의 마지막 몇 달 동안 생명 유지 장치에 의존해 살기가 두렵다면 '사망 선택 유언'을 결정할 수도 있다. 배우자와의 관계에서 친밀함을 느끼지 못할까 봐 불안하다면 좀 더 구체적으로 사랑을 표현하고 소통하고자 노력할 수 있다. 대기 오염이 두렵다면 대중교통이나 자전거를 이용하기로 결정할 수도 있다.

당신 안에 숨어 있는 용기를 찾고 싶다면 두려움과 불안을 깡그리 없애겠다는 생각은 버려야 한다. 그 대신 이런 감정들을 제대로 인식하려 노력해보는 것이 어떤가. 두려울 때는 스스로 이렇게 물어보라. 두려움이 내게 무엇을 말하는가? 내 감정 속에 어떤 메시지가 숨어 있을까? 퇴사를 결정하거나 내 집을 마련하기 위해 나는 현실적으로 준비하고 있는가? 행여 나 자신을 지나치게 밀어붙이고 있지는 않은가?

이렇게 직접적으로 접근하다 보면 처음에는 겁부터 날지도 모른다. 분명 실수도 할 것이다. 그러나 조금만 견디면 점점 두려움을 해석하는 나름의 기술이 생긴다. 두렵고 불안한 마음을 무시하거나 부인하는 것이야말로 치명적인 실수이다. 열린 마음으로 두려움이 전하는 메시지를 받아들이자. 바로 그 순간부터 당신 마음속에 강인하고 믿을 만한 용기가 자라날 것이다.

누구에게나 비이성적인 불안이 있다

> 앞으로 닥쳐올 두려움이 아무리 비이성적이라 해도 우
> 리는 이를 존중해야 한다.
>
> — 셀던 콥Sheldon Kopp, 정신의학자

때로는 아주 우스워 보이는 것들이 우리를 두렵게 만들기도 한다. 전문가의 도움이 필요한 공황장애 같은 문제를 말하는 것이 아니다. 무척 사소하거나 비이성적인 불안이 마치 파리 떼처럼 한시도 쉬지 않고 성가시게 굴며 우리의 감정을 악화시키곤 한다.

나는 버스를 탈 때마다 그런 불안을 느낀다. 교통사고에 대한 걱정 때문이 아니다. 내려야 할 정거장을 지나치거나 제때 하차 버튼을 누르지 못할까 봐 두려워한다. 제대로 내렸다고 하더라도 그다음에는 이런 불안이 생긴다. '돌아갈 때는 어디서 타야 하지? 여긴가? 아니면 저긴가?'

사람들과의 모임에서도 이런 불안을 느끼는 순간이 있다. 파티에 참석할 때면 나는 실력이 형편없는 탁구 선수처럼 느껴진다.

다른 이들은 열심히 대화의 공을 주고받는데 혼자 무엇을 말할까 고민하다가 공을 쳐야 할 순간을 놓치기 일쑤기 때문이다.

이쯤에서 당신은 거의 반세기를 살아온 나 같은 사람도 여전히 버스와 파티에서 이렇게 불안을 느낀다는 것이 의아할지도 모르겠다. 맞다. 이렇게 나이가 들었어도 불안은 항상 나를 따라다닌다. 그리고 당신에게도 나처럼 말도 안 되는 두려움이나 불안이 있을 수 있다. 당신의 두려움은 무엇인가? 그 두려움을 종이에다 쭉 적어보라. 이것이 두려움 때문에 우리가 갖게 되는 수치심을 극복하고 두려움을 존중하기 위한 첫 번째 단계이다.

맞서든 피하든 둘 중 하나

•
•

사람들에게 무엇을 두려워하느냐고 물어보면 의외인 것들이 제법 많이 등장한다. 바퀴벌레, 다른 사람과 포옹하는 것, 밤에 불 끄고 자는 것, 방학 첫날과 마지막 날, 다른 사람이 운전하는 자동차를 타는 것, 사람들 앞에서 바보 같아 보이는 것 등 가지각색이다. 놀랍게도 마지막 사례의 경우 강단에서 학생들을 가르치며 존경받는 대학교수의 고백이다. 사람들은 교수라는 직업을 가진 이가 그러리라고는 좀처럼 생각하지 못할 것이다.

모든 인간은 스스로 인정하든 그렇지 않든 전혀 위험하지 않은 것이라도 얼마든지 두려워할 수 있다. 두려움과 불안을 입 밖으로 내뱉으며 이 사실을 기억하자. 그럼으로써 우리가 두려워하지 않는 것들이나 인정하려 애쓰는 것들을 떠올리게 될 것이다. 예를 들어 나는 버스를 탈 때는 불안해하면서도 비행기를 타고 여행하는 것은 전혀 두려워하지 않는다. 잡지사에서 기사를 쓰던 시절에는 처음 보는 사람들을 인터뷰하는 두려움을 극복해낸 적도 있다. 한번은 올림픽 금메달리스트와 하루 종일 친구처럼 수다를 떨기도 했다. 몇 달 후 그 사람을 어느 파티에서 다시 만났을 때는 꿀 먹은 벙어리가 되어버렸지만 말이다.

비이성적인 두려움에 맞서든 피하든 둘 중 하나를 선택할 수 있다는 사실을 아는 것. 그것만으로도 우리는 위안을 얻을 수 있다. 나에 관해 말하자면, 나는 계속해서 버스를 타고 다니기로 선택했고 때로는 파티에도 참석한다. 그러나 여전히 깊은 물속에서 스노클링을 하거나 좁은 텐트 안에서 밤을 보내지는 못한다.

당신이 종이에 적은 불안과 두려움 가운데 무엇과 대면하길 원하는가? 무엇으로부터 도망치고 싶은가? 지금 당신이 하는 대답이 내일을 변화시킬 수도 있다. 그러려면 무엇보다 오늘 당신이 내린 결정을 존중해야 한다.

손도 까딱하지 못하는 상황에서 기억해야 하는 것

당신의 모든 두려움, 그 밑바닥에는 앞으로 닥쳐올 일들
을 감당 못할지도 모른다는 불안이 깔려 있다.

— 수전 제퍼스Susan Jeffers, 심리학자

발레리는 마흔부터 비로소 인생이 시작된다는 말을 이해할 수
없었다. 그녀가 마흔 줄에 들어설 무렵에는 만사가 그저 피곤하기
만 했다. 지난 6년 동안 그녀에게는 너무나 많은 일이 있었다. 우
선 발레리가 남편과 애써 추진했던 사업이 파산하고 말았다. 아직
10대였던 딸이 암 진단을 받고 항암 치료를 받았다. 딸의 병세가
호전되는 듯 보이자 이번에는 남편이 무릎을 심하게 다쳐 목수 일
을 그만둬야 할 처지가 되었다.

그 후 남편은 컴퓨터 프로그래밍을 배우기 시작했지만, 그사이
발레리는 직장에서 해고당했다. 점차 살림살이가 빠듯해졌다. 그
러나 그녀는 한동안 집에서 가족을 보살피는 데 집중하기로 했다.
"대체 무슨 일이 또 벌어질까 조마조마했어요. 또다시 힘든 일이

벌어지면 내가 헤쳐 나갈 수 있을지도 자신 없었지요. 모든 게 지긋지긋했어요. 나날이 더 힘들어지는 것만 같았답니다."

발레리는 두려웠다. 자신에게 나날이 험준해지는 삶이라는 산을 계속 등반할 능력이 있는지 확신할 수 없었기 때문이다. 물론 그녀의 기분은 충분히 이해할 만하다. 그러나 반신반의하다 자신감을 잃어버리는 순간, 고난은 그저 고난으로 끝나지 않는다. 고난에 대한 두려움은 스트레스로 탈바꿈하여 우리가 기력을 잃고 고통에 취약해지도록, 그리하여 완전히 탈진하도록 몰아붙인다.

잘할 수도, 못할 수도 있다

•
•

심리학자 폴 펄솔Paul Pearsall은 몸과 마음에 위협이 닥쳤을 때 이를 극복할 능력이 충분치 못하다고 판단하는 순간 스트레스가 고개를 든다고 말했다. 하지만 두려움과 스트레스가 쳇바퀴처럼 돌고 도는 상황에서 벗어날 방도는 도무지 없어 보인다. 혼자 끙끙거리는 일을 그만두지 않는다면 그리고 삶이 떠안기는 일들에 파묻혀버릴지 모른다는 두려움을 끊어내지 못한다면 이 악순환을 벗어나기는 불가능하다.

그러나 어떻게 하면 생각을 달리할 수 있을까? 하와이주립대학교에서 '빛나는 삶The Illuminated Life'이라는 표제로 워크숍이 열린 적이 있었다. 당시 심리학과 명예교수 에이브 아코프Abe Arkoff는 이 의문에 대해 정말 명쾌한 해답을 제시했다. 그는 이 한마디를 계속해서 마음에 새기라고 말했다. "어떤 일이 닥치든 나는 해낼 수 있다."

솔직히 처음에는 과연 그토록 확고하게 자신감을 갖는 것이 가능할까 의문스러웠다. 그래서 나는 그에게 이런 질문을 던졌다. "그걸 어떻게 확신할 수 있을까요?"

"우리가 두려워하는 이유는 잘 해낼 수 있을지 걱정해서가 아닙니다. 손도 까딱하지 못하는 상황이 생길까 봐 두려워하는 겁니다. 그야말로 최악의 상황이니까요. 그러나 정말 그런 순간이 닥친다 해도 우리에게는 선택권이 있습니다. 패배감에 젖어 완전히 포기할 수도 있지만, 그 대신 자신에게 이렇게 말할 수도 있지요. '나는 해낼 수 있다.' 이어서 스스로 이런 질문을 해보는 겁니다. '내가 지금 당장 할 수 있는 일은 무엇일까?' 간혹 선택권을 떠올릴 틈도 없이 패배감에 빠져들지도 모르지만, 마음을 추스르고 다시 시도할 수 있습니다. 결국에는 어떻게든 해낼 수 있다는 말이지요. 잘할 수도, 못할 수도 있지만, 어쨌든 이런 사실을 아는 시점부터 자신감은 점점 더 커질 수 있습니다."

이제 지극히 간단하면서도 자유로운 그의 조언을 따라보는 것은 어떤가? 삶이 제시하는 시험에서 몇 점이나 받을 수 있을까 걱정하는 일은 그만두는 것이다. 넉넉한 마음을 갖고 당신 자신에게 진심을 다하며 살아도 괜찮다고 말해주자. 그저 최선을 다하면 된다. 평생 우등생으로 사는 사람은 없다. 최고의 기량을 보일 때도 있고, 간신히 통과할 때도 있을 것이다. 하지만 결국 해낼 것이라는 사실에는 변함이 없다.

너무 사소하거나, 너무 엄청나거나

그 어떤 비극과 슬픔, 감정이 닥쳐오든 그것에 이름을
붙여 표현해보라. 단어를 골라 표현하는 과정은 우리가
느끼는 감정을 온전히 우리 것으로 인정하고, 받아들이
고, 밖으로 표출하는 데 안정감을 준다.

― 가브리엘 리코Gabriele Rico, 작가

4년 전 내 왼쪽 몸에 마비가 오면서 원인을 알아내기 위해 CT
촬영, 혈액검사, MRI 촬영을 연속해서 진행했다. 검사 결과를 기
다리는 동안 나는 일기장에 절박한 심정을 쏟아냈다. "하느님, 제
발 도와주세요. 저는 너무나 무기력하여 이 두려움을, 이 병을 견
딜 자신이 없어요. 도와주세요……." 그 후 세 차례 경미한 뇌졸중
을 겪고 난 뒤에야 나는 내 안의 가장 큰 두려움에 이름을 붙일 수
있었다.

"나는 내 몸이 전처럼 좋아질 수 없을까 봐 두렵다. 이 두려움은
마치 개가 뼈다귀를 물어뜯는 것처럼 끊임없이 나를 괴롭힌다. 나
는 신중하게 행동량을 계산해 움직여야 하며, 쉽게 지치고, 쉽게
불안에 사로잡힌다. 마치 달걀 껍데기처럼 연약해진 기분이다. 이

런 감정에 어떻게 대처해야 할까? 전에는 건강하면 뭐든 해낼 수 있다고 생각했다. 그러나 이제는 마음을 새로이 다잡아야 한다. 최상의 상태가 아니어도 얼마든지 행복하게 사는 법을 배울 수 있다고 믿자. 나는 여전히 나 자신으로서 살아갈 수 있다."

연습장과 펜 하나를 준비하자. 컴퓨터를 사용할 수도 있고, 크레용과 도화지 한 장도 좋다. 재료는 주변에 얼마든지 있다. 이제 당신만의 단어 혹은 그림으로 두려움을 표현하고 길들여라. 심리학자들을 이런 과정을 '외재화externalization'라고 일컫는다. 내면을 외적으로 표현하는 과정을 거치면서 두려움과 당신 사이에 적당히 거리를 두는 것이다. 당신 자신과 두려움을 동일시하는 대신, 두려움을 종이 위에 쓰고 입 밖으로 이렇게 말해보면 어떨까. "지금 나에게는 이런 두려움이 있다."

누구나 다 똑같다

당신은 무엇을 두려워하는가? 너무나 사소한 것이라 말하기도 부끄러운가? 혹은 너무 엄청나서 밖으로 드러내기가 무서운가? 당신은 무엇에 쫓기고 있는가? 두려움과 불안을 의식하되 압도당하지 말라. 침착하게 호흡을 고르며 글이나 그림으로 두려움을 표현해보라. 그 후 당신의 글이나 그림을 보며 어떤 기분이 드는지 느껴보자. 슬퍼질 수도, 화가 날 수도 있다. 웃음이 나거나 부끄러울 수도 있다. 자연스레 나타나는 반응을 검열하거나 마음 상태를 구태여 치장하려 애쓸 필요 없다. 남들 앞에 감정을 드러내기 민망한가? 걱정할 것 없다. 당신 앞에는 오로지 종이 한 장만 있을 뿐이다.

다만 한 가지 주의할 점이 있다. 두려움을 표현하는 과정이 유익하기는커녕 힘들기만 하다면 바로 멈춰야 한다. 그런 뒤 친구, 가족, 동료, 혹은 전문가 등 주변 사람들에게 도움을 청하라. 그러나 견딜 만하다면 계속 시도해보길 바란다.

누구나 다 똑같다. 어쩌면 당연한 일이지만, 처음에는 슬프거나 우울할지도 모른다. 불편한 감정이나 힘든 상황을 보면 차라리 그로부터 도망치는 방법이 더 편해 보이기 마련이다. 그러니 일단 할 수 있는 일부터 먼저 시작하라. 지나치게 스스로를 몰아붙이지 말라. 자신의 속내를 털어놓는 과정을 되풀이하면 조금이나마 위안을 얻을 수 있을 것이다. 운동과 마찬가지로 이런 뇌의 활동 역시 꾸준히 반복하면 익숙해지고 효과를 보는 법이다.

이런 습관은 오늘부터라도 시작할 수 있다. 5분이나 10분 정도 시간을 내서 종이 위에 떠오르는 대로 두려움을 표현하자. 어떤 경우이든 묵묵하고 차분하게 견디다 보면 두려움을 당신 마음속에서 쫓아내거나, 아니면 공존하는 방법을 찾을 수 있을 것이다.

걱정이 불운을 막아준다는 믿음에 대하여

걱정으로 모든 일을 대비할 수는 없다.

— 케리 후버Cheri Huber, 명상 지도자

생각보다 많은 사람들이 '걱정이 재앙을 예방한다'는 미신에 빠져 있다. 나와 함께 이 책을 쓴 메릴린은 심리학자로서 치유 모임을 운영한다. 그런데 그녀에게 이렇게 말하는 참여자들이 적지 않다. "앞으로 일어날 일을 걱정하면 어쩐지 예방할 수 있을 것만 같아요." 그들은 걱정이 불운을 막아준다고 믿으며 기꺼이 안달뱅이가 되길 자처한다.

한때 나 역시 그랬지만, 이제는 의식적으로 노력을 기울여 잔걱정은 그만두기로 했다. 걱정이 많은 사람들은 근심이 위험 가능성을 줄여준다고 착각한다. 이를테면 이제 막 걸음마를 뗀 아기가 계단에서 굴러 떨어질까 봐 걱정하면 그런 일은 일어나지 않을 것이라는 식이다. 또는 죽음에 대해 걱정하는 한 죽는 일 따위는 일어나지 않을 것이라고 생각한다. 그러나 이런 믿음은 우리 자신을 기만하는 행위에 불과하다.

아기가 다치거나, 자신이 숨을 거두는 장면처럼 최악의 시나리오를 떠올리는 일은 두려움을 마주 보기 위한 첫걸음이다. 두려움을 대면하고 내가 무엇을 할 수 있을지 결정하는 건강한 방법인 셈이다. 가령 아이가 굴러떨어지는 일을 막기 위해 계단 입구에 울타리를 설치하는 방법은 어떤가? 죽음은 피할 수 없다는 사실을 받아들이고 죽기 전까지 오로지 삶에 집중해보면 어떨까?

그러나 두려움을 대면하지 않고 걱정만 하는 것은 성격이 전혀 다르다. 걱정할 때 우리는 가능한 모든 결과를 몇 번이고 반복하며 떠올린다. 하나의 시나리오를 떠올린 후에 또 다른 시나리오를 떠올리는 것이다. 혹시 내가 전화를 받는 사이 아이가 굴러 떨어지면 어쩌지, 아니 내가 다른 아기를 씻기는 동안 그런 일이 생길지도 몰라. 행여나 고독사했는데 아무도 내가 죽었다는 사실을 모르면 어쩌지, 폭탄 테러에 휘말려서 죽게 된다면? 혹시, 혹시……. 이런 생각이 꼬리에 꼬리를 물면 지칠 수밖에 없다. 그러다 정작 걱정했던 일이 닥치는 순간에는 이를 감당할 여력조차 없을지도 모른다.

걱정하는 것은 부끄러운 일이 아니다

그럼에도 우리가 걱정에 주목해야 하는 이유가 있다. 걱정하는 자신을 부끄러워하지 않기 위해서다. 걱정을 마음속에 들여놓게 되면 두려움과 불안으로 변해 미친 듯이 날뛸 수 있다. 그러나 걱정을 걱정할 필요는 없다. 힘든 일이 생길까 봐 걱정하는 것은 지극히 당연하다.

나는 걱정을 줄이는 나름의 방법을 하나 발견했다. 걱정을 있는 그대로 보는 것이다. 잘 살펴보면 잘못된 위안이든 위험에 대비하는 예방책이든 걱정 뒤에 숨은 진짜 감정의 정체를 알아볼 수 있다. 걱정을 있는 그대로 보는 순간부터 왜 당신이 걱정에 빠졌는지 또한 이해하게 된다. 우선 자신에게 몇 가지 질문을 던져보라. 첫째, 어쩌다 걱정하면 만사가 해결된다는 생각을 하게 되었을까? 우리 부모님도 걱정이 많으셨나? 둘째, 걱정을 해서 내가 정말로 얻은 것은 무엇이었나? 되레 소화 불량이나 고혈압이 생기진 않았나? 자기 합리화를 위한 걱정은 아니었을까?

이런 질문을 던져보아도 소용없고, 걱정이 별 의미 없다는 생각이 들긴 하지만 도저히 뿌리치기 어렵다면 전문가를 찾아가 상담을 받아보자. 당신과 달리 걱정하는 습관이 없고 믿을 만한 친구와 이야기해보는 것도 좋다.

정말로 만일의 사태에 대비하고 싶다면 당신이 걱정하고 있는 문제들을 잘 들여다보라. 일어날 수 있는 최상, 최악의 가능성을 모두 떠올리고 난 후, 과감히 멈춰라. 그다음 자신에게 물어보라. 지금 내게 어떤 선택권이 주어졌는가? 내가 할 수 있는 일은 무엇인가? 이런 상황을 반드시 받아들여야만 하는가? 힘들겠지만 이렇게 두려움과 직접 맞대면하는 것만으로도 걱정하는 일에 실질적인 준비가 된다. 우리가 할 수 있는 최선의 노력을 현실적으로 가늠하는 과정이기 때문이다.

무의식적인 불안은 어디서 오는가

> 부모님으로부터 귀에 못이 박히도록 '조심하라'는 말을
> 듣지 않았는가. 그러고 보면 지금 우리가 현관문 밖으로
> 나갈 수 있는 것만도 기적이다.   - 수전 제퍼스, 심리학자

아들 티모시가 약혼녀 레이첼을 데리고 와 가족이 다 함께 외출하는 날이었다. 티모시가 먼저 나갈 채비를 끝낸 후 기다리고 있기에 나는 한 가지 부탁을 했다. "부엌에 가서 가스 밸브가 잠겼는지 확인해주겠니?"

그러자 아들 녀석은 너털웃음을 날리며 옆에 있던 레이첼에게 말했다. "내가 가스 밸브 확인하는 버릇을 누구한테 물려받은 건지 이제 알겠지?"

티모시가 자라는 동안 나는 아들에게 무의식적으로, 그러나 꾸준히 두려움을 가르쳤다. 가스 밸브에 대한 걱정만이 아니다. '타인의 의사를 존중하되, 자기주장을 하는 것은 두려워하라'는 생각도 어느새 옮아 있었다. 내가 지금처럼 내 의사를 확고히 표현하

고 자기감정을 존중하게 된 것은 티모시가 어느 정도 자라고 난 다음이었는데, 얼마 전 우연히 내 과거의 두려움이 아들에게 남아 있다는 것을 발견했다.

티모시가 수선을 맡긴 새 바지를 찾으러 갔을 때였다. 수선한 바지를 입어보니 바짓단이 너무 짧았다. 재단사에게 분명 원하는 사이즈를 이야기했는데도 요구한 대로 수선되지 않은 것이다. 티모시는 실망한 채 그대로 입을까 망설이다 결국 요청했던 사이즈대로 수선되지 않았다고 직원에게 말했다. 그러자 직원은 즉각 그에게 사과했고, 새 바지를 구해 이번에는 훨씬 꼼꼼한 재단사에게 수선 받도록 처리해주었다.

부모들이 자식에 물려준 두려움과 불안은 제대로 수선되지 않은 바지와 같다. 모르는 척 입기에는 딱히 편안하지 않다. 티모시는 청년 시절 내내 자신이 부모로부터 물려받은 두려움들을 가늠해보며 무엇을 버리고 무엇을 남길지 결정했다. 이런 분류 작업은 자녀의 나이와 상관없이 그들에게 큰 해방감을 준다.

분류 작업은 자신에게 이런 질문을 던지는 순간부터 시작된다. "우리 부모님이 나에게 조심하라고 말씀하셨던 것이 무엇이었나?" 하와이에 살면서 자라는 내내 중국인 부모로부터 백인 남자를 조심하라고 들었던 여성이 있었다. 부모님은 백인 남자들은 중국 남자들과 달리 야만스럽고 결혼 생활에 충실하지 않을 것이라며 어린 시절부터 그녀에게 충고했다. 그러나 그녀는 부모님의 충고를 맹목적으로 따르지 않았고, 현재 그토록 조심하라던 백인 남자와 결혼하여 화목한 가정을 꾸리고 있다.

무엇이 정말 중요한가

40대 후반의 변호사 타냐는 어린 시절 어머니로부터 만사에 신중하라고 들으며 자랐다. 때문에 타냐는 평생 어느 분야에서든 위험을 감수할 용기를 내지 못했다. 그러나 이 만성적인 두려움이 어머니의 소심한 성격에서 비롯되었다는 사실을 깨닫고 난 후, 타냐는 자신의 마음에 좀 더 충실해지기로 결심했다. 그리고 마침내 오래전부터 행동으로 옮기지 못했던 일을 시작했다. 상류층 고객 위주였던 교외 사무실을 도심으로 옮겨 하루의 절반은 저소득층을 위해 일하기로 한 것이다. 물론 이 과정에서 두려운 마음이 들지 않았다면 거짓일 것이다. 하지만 이번에는 어머니가 아닌 타냐 자신의 두려움이라는 사실이 달랐다.

우리 모두에게는 부모로부터 물려받은 편견과 금기, 근심과 걱정으로 괴로운 순간이 있다. 동시에 부모님의 현명한 조언 덕분에 위기를 넘긴 순간도 있을 것이다.

부모님의 조언을 듣고 그분들의 경험을 살펴보면서 당신의 가치관에 맞는 것은 간직하고 그렇지 않은 것은 버리면서 새로운 가치관을 형성할 수 있다. 부모님의 근심 걱정이 제아무리 뿌리 깊게 박혀 있다 한들, 그 가운데 무엇이 정말 중요한지를 결정하는 것은 이제 오롯이 당신 몫이다.

두려움인가 공포증인가

미국인 2000만 명이 일상에 방해가 될 정도로 심각한
공포증에 시달린다.
— 미국 국립정신보건원 National Institute of Mental Health

심리학 대백과사전에서는 공포증 phobia을 '실제 위험보다 과중
하게 크며 지속적으로 일어나는 두려움'이라 정의한다. 대부분의
심리학자들은 공포증이 '학습된 반응 learned reaction' 혹은 '모방 학습
modeling'에서 비롯된다고 생각한다.

학습된 반응의 사례를 하나 들어보자. 당신이 두 살 때 언니가
옷장에 당신을 가둔 적이 몇 번 있다. 그 이후로 당신은 좁은 공간
에 있을 때마다 불안감을 느낀다. 이런 폐쇄 공포증은 야영 중 텐
트 안에서 잠들었다가 갑자기 견딜 수 없이 뛰쳐나가고 싶어 깨어
나는 순간이 닥치기 전까지는 감정을 크게 압도하지 않는다. 모방
학습의 경우, 이런 사례를 떠올려보자. 당신은 어린 시절부터 어
머니가 결정을 내리는 일을 굉장히 어려워하며 매번 다른 이들에

게 결정해달라고 부탁하는 모습을 지켜봤다. 간혹 어쩔 수 없이 직접 결정해야 하는 순간이 오면 어머니는 무척 자신 없어 했다. 어른이 된 후 당신 역시 어머니처럼 결정을 타인에게 미루며 자신의 의사를 확신하지 못한다. 결정에 대한 공포증이 당신에게도 생긴 것이다.

공포증은 두려움과 불안을 극대화한다. 가령 비행 중 난기류를 몇 번 겪으면 마치 비행기가 당장이라도 추락할지 모른다는 공포를 느끼는 식이다(미국 보잉사에서는 1500만 명의 미국인이 비행을 두려워한다고 추정했다). 광장 공포증이 있을 경우 근처 슈퍼마켓에 가는 길이 맨발로 사하라사막을 건너는 것처럼 위험하게 느껴질 수 있다.

공포증은 대부분 성년에 이르러 나타난다. 그러나 나이와 관계없이 엄청난 스트레스를 유발하거나 충격적인 사건을 겪을 경우 당시 경험한 두려움이 공포증으로 바뀌기도 한다. 에이즈에 감염되면서 갑자기 병원에 가는 일이 두려워지거나, 성폭행을 당한 이후부터 어두워지면 집 밖으로 나가는 일이 말도 못할 만큼 끔찍해질 수 있다. 발표 내용에 대해 교수님에게 비웃음당한 뒤 사람들 앞에 나설 때마다 단순히 긴장하는 것 이상으로 벌벌 떨게 될 수도 있다.

메릴린은 고등학교 때 대수학 수업을 들었다가 수학 공포증이 생겼다. 30대 후반이 되었을 무렵 심리학 박사 학위를 따겠다고 결심했는데, 수학 공포증으로 통계학에서 학점을 따지 못할까 봐 불안해했다. 그러나 그녀는 숫자를 활용하는 방법을 배울 수 있다는 사실을 깨닫고 두려움을 극복할 수 있었다. 그녀는 수학 공포증을 극복했고, 통계학에서 무려 A를 받았다.

몰아내지 말고 함께 살기

만약 마음속 두려움이 공포증으로 바뀐다면 무엇이 당신을 두렵게 만드는지 그 정체부터 파악해야 한다. 예를 들어 지진을 겪은 다음부터 다리를 건너는 것이 두렵다면, 당신이 무엇을 선택할 수 있는지 떠올려보자. 극대화된 두려움을 보통 수준으로 줄일 수 있도록 전문가의 도움을 받는 것은 어떨까? 그럼 불안 장애 치료 전문가를 찾아가 보자. 공포증으로 인해 일상생활에 큰 불편함을 느끼지 않을 정도라면, 다리를 지나지 않고 갈 수 있는 길을 찾아볼 수 있다.

스스로 용기를 북돋아 두려움에 자신을 노출해보는 방법은 어떨까? 뇌졸중을 겪고 난 뒤부터 나는 엘리베이터를 타기가 두려워졌다. 그러나 나는 일부러 35층에 있는 아파트를 임대했다. 몇 달

동안은 벌벌 떨면서 엘리베이터에 올랐다. 손전등으로 무장하고 주머니에는 진정제를 챙긴 채 마음속으로 기도까지 했다. 우습지만 매일같이 억지로 엘리베이터로 오르내리는 동안 공포증이 사라졌다.

공포증을 두려워하지 말라. 상담 전문가 유진 케네디Eugene Kennedy는 이렇게 조언했다. "문제 행동을 당장 몰아낼 필요는 없습니다. 공포증이든 집착이든 우울증이든 오히려 이를 통해 자신의 성격을 전반적으로 이해하려 노력한다면 한동안은 함께 살 수 있습니다."

• 괜찮다고 말하면 달라지는 것들

앞으로 무슨 일이 벌어질지 알고 사는 것은 불가능하다

세월은 질문을 던지기도 하고 답을 주기도 한다.
— 조라 닐 허스튼Zora Neale Hurston, 소설가

지금 당신의 삶에는 물음표가 찍혀 있는가? 한 페이지 전부 물음표로 가득 차 있지는 않은가? 어디로 가는지 분명 알고 있다고 생각했는데, 불현듯 길을 잃어버린 기분이 드는가? 불확실한 미래가 두려워 익숙하고 안전한 무언가를 바라지 않는가?

사람들은 영원히 행복하게 함께 살 수 있는 동반자를 언제 어떻게 만날지 반드시 알아야 한다고 생각한다. 또 우리를 괴롭히는 질병 치료제가 곧 개발될 수 있을지 알아야 한다거나, 우리 아이들이 행복하고 책임감 있는 어른으로 성장할 수 있을지 알아야 한다고 생각한다. 그러나 몇 주, 몇 년을 기다려도 삶은 도무지 우리에게 정답을 보여주는 법이 없다.

내 친구 진은 40대 중반에 스스로 결연하게 고난을 맞이했다.

에이즈에 걸린 남동생과 심장병을 앓는 아버지를 한집에서 돌보기로 했던 것이다. 상업용 건물을 사고 수리하는 사업을 하면서 한창 바쁜 중이기도 했다.

진은 남동생과 아버지를 무척 사랑하며, 바쁜 와중에도 많은 시간을 함께 보냈다. 하지만 두 사람은 언제 어떻게 상태가 악화될지 몰랐다. 더구나 진이 수리하는 건물들이 현금 흐름을 창출하기까지 시간이 얼마나 걸릴지 아무도 장담할 수 없는 상황이었다. 불안하고 두려운 나날 속에서 진은 '내 삶은 대체 왜 이런 걸까' 하고 회의에 빠지는 대신 하루하루를 축하하며 즐겁게 살기로 결심했다. 결심에 대한 징표로 물음표를 새긴 금반지를 만들어 기억하기로 하면서 말이다.

반지를 끼고 다닌 지 일주일쯤 되었을까. 커피를 앞에 두고 가만히 반지를 들여다보더니 진이 내게 이렇게 말했다. "이젠 날 괴롭히던 질문이 뭐였는지조차 잊어버렸어."

힘든 순간은 끊이지 않고 찾아왔지만, 진은 웃으며 그 순간들을 맞이했다. 그녀의 웃음은 쾌활하고 겸허했다. 앞일을 알지 못한다고 해서 실패한 것이 아니며, 때로는 미래가 제아무리 확실해 보인다 한들 결국 허상에 불과하다는 사실을 깨달은 덕분이다. 모든 것을 파악해야 한다는 압박에서 벗어나 마음을 놓으면 누구에게나 가능한 일이다.

괜찮다고 말하면 달라지는 것들

안타깝게도 이런 깨달음은 물에 젖은 비누처럼 우리 손 밖으로 빠져나가기 십상이다. 답을 알고 사는 일이 불가능하다는 것을 깨달았다 해도 우리 마음은 계속해서 변덕을 부린다. 어쩌면 답이 있을지도 모른다고 기대하거나, 끊임없이 불안해한다. 이런 일이 일어나면 다시금 떠올려야 한다. "지금 당장은 앞으로 무슨 일이 일어날지 알 수 없다. 하지만 내게 진정 소중한 가치가 무엇인지를 기억하고 매일 이 가치에 따라 살 수 있다."

지금 당장 할 수 있는 일에 집중하면 앞으로 무슨 일이 벌어질까 불안해하며 꼬리를 물던 질문은 힘을 잃고 더 이상 두려움으로 우리를 마비시키지 않는다. 계속해서 현재를 소중히 여긴다면 비록 정답은 보이지 않는다 해도 삶이 하나의 결과로 이어질 것이다.

앞으로 어떤 일이 벌어질지 확실히 알아야 한다는 끈질긴 충동에 저항해야 비로소 바라던 안정이 찾아온다. 이런 충동이 머릿속에 떠오를 때마다 그 존재를 인식하고 더 이상 주의를 기울이지 말라. 대신 잠시 동안 호흡을 가다듬으면서 지금 이 순간 살아 있다는 사실에 경이로움을 느껴보라. 그리고 이렇게 물어보라. 나의 행동과 생각에 내가 소중히 여기는 가치를 충분히 반영하고 있는가? 필요하다면 당신의 힘과 생각의 방향을 조심스럽게 바꾸면 된다. 지금, 여기에 당신 마음의 닻을 내리자. 불확실한 오늘 하루를 즐기는 것이다.

완벽한 '동그라미'가 될 필요는 없다

인간은 완벽에서 조금 부족한 존재이다. 완벽주의는 이런 인간 존재에 대한 두려움에서 비롯된다. 이 두려움 속을 똑바로 가로지를 때 당신은 더 많이 웃고 더 많이 배울 수 있다. ─ 로버트 J. 퓨리Robert J. Furey, 정신과 의사

"우리는 컴퍼스로 그린 동그라미처럼 완벽해지길 원합니다. 하지만 완벽이란 것이 꼭 그렇지만은 않습니다. 한쪽이 찌그러진 동그라미도 완벽하지요." 어느 승려 분이 내게 해주신 말씀이다. 정말 그렇다. 그러나 완벽주의에 빠진 이들은 언제나 깔끔하게 그려진 동그라미가 되길 바란다. 최근 나는 이를 절실히 깨달았다. 지난 4월, 메릴린과 함께 일주일간 집중적으로 이 책의 집필 작업을 하기로 계획했다. 그런데 메릴린이 덴버에서 내가 있는 호놀룰루로 오기 바로 며칠 전, 나는 그녀에게 당장이라도 전화해 비행기 표를 취소하라고 말하고 싶었다.

지난 몇 달 동안 나는 지독히 견디기 힘든 갱년기 증상에 시달렸다. 불면증과 두근거림, 불안, 전신 열감, 피로, 집중력 저하까

지……. 절망적이었다. 친구이자 동료인 메릴린에게 완벽한 삶과는 거리가 먼, 이토록 흐트러진 모습을 보여줄 엄두가 안 났다. 집 안에 쌓인 먼지며 늘어놓은 잡동사니들 역시 문제였다. 내 좁은 서재에 들어서면 인터뷰 자료와 기사들, 잘라낸 신문 조각들이 바닥에 이리저리 쌓여 있는 꼴부터 보게 될 터였다. 지난 1년 반이라는 시간 동안 우리가 함께 수집했던 온갖 연구 자료들이 아직도 정리되지 않았다는 사실을 알게 된다면 그녀가 얼마나 실망할까 싶었다. 그러다 어느 순간 약속을 취소하고 싶던 마음이 딱 사라졌다. 다시 만날 일정을 잡으려면 무척 힘들 것이라는 생각도 들었지만, 희미하게 희망이 생겼기 때문이다. "혼돈으로부터 춤추는 별이 태어난다"라고 했던 니체F.W. Nietzsche의 말이 맞을 것이라는 희망 말이다.

"혼돈으로부터 춤추는 별이 태어난다."

마침내 다가온 일주일간, 나는 약간 떨리고 삐걱거리는 상태였지만 메릴린과 함께 편안하고 알찬 시간을 보냈다. 이리저리 흩어져 있던 자료들을 정리하고 두려움과 불안에 대한 성찰과 지식을 더하여 전보다 풍부한 글을 써내려갔다. 그제야 지나칠 정도로 완벽해지고 싶었던 내 상태가 도리어 평정심을 앗아갔다는 사실을 알았다. 진심 어린 생각을 표현하고 고민하며 서로의 의견을 나누는 것만이 이에 대한 해결책이란 사실 역시 깨달았다.

메릴린이 떠나기 전날 밤, 우리는 와이키키 해변에서 풀잎 치마를 입고 찍은 우스운 사진을 보며 웃고 떠들었다. 그러다 나는 흐느껴 울며 메릴린에게 병으로 잃어버린 체력을 되찾을 수 있을지 모르겠다고 불안한 마음을 털어놓았다. 내가 지금의 내 상태를 그대로 받아들일 용기를 낼 수 있을지 모르겠다고……. 메릴린은 내 어깨 위로 팔을 두르며 따뜻하게 위로해주었다. 그녀는 나를 지금 모습 그대로 받아들이겠다고 했다. 내가 용기를 갖도록 도와준 것이다.

꼭 깔끔하고 완벽한 동그라미가 될 필요는 없다. 우린 저마다 조금 찌그러졌거나 구부러졌으며 두려움과 불안으로 가득하다. 인간 존재로서의 두려움은 가장 먼저 잠재울 수 있다. 이를 시작으로 또 다른 두려움과 좀 더 쉽게 마주할 수도 있다. 완벽해야 한다는 부담감은 잠시 접어두자. 자기 자신을 꾸미거나 감추거나 과장할 필요도 없다. 자신을 있는 그대로의 모습으로 만날 때 충만한 기쁨이 생겨난다.

"괜히 용감해지려고 애쓰지 마세요."

자신을 있는 그대로 드러내고 진심을 털어놓을 수 있을
때 우리는 비로소 안심한다.
— 레이첼 나오미 레멘Rachel Naomi Remen, 의사

　다른 사람들과 달리 나는 치과에 갈 때 긴장하거나 불안해하지
않는다. 차가운 진료 의자 위에 반쯤 누운 채 우메다 선생님을 처
음 만나던 날, 선생님은 친절한 눈빛으로 날 보며 이렇게 말해주
었다. "혹시 치료 중에 아픈 데가 있으면 알려주세요. 억지로 참을
필요 없습니다. 저에게 곧바로 알려주시면 됩니다." 선생님은 선
뜻 내 왼손을 앞뒤로 흔들며 시범을 보여주었다. "이렇게 손을 앞
뒤로 흔들어주세요. 괜히 용감해지려고 애쓰지 마시고요." 순간
안도의 한숨이 나왔다. 억지로 참지 않아도 된다는 것, 아프면 아
프다고 말해도 된다는 생각만으로 마음이 편안해졌다.
　두려움을 느낄 때 이런 감정을 털어놓을 곳을 찾기란 쉽지 않
다. 사람들은 "잘 지냈어요?"라고 물어보면서 "네, 잘 지냈어요"라

는 대답을 듣길 바라지, "무서워 죽을 것만 같아요. 앞으로 어떻게 살아야 될지 모르겠어요"라는 말을 듣고 싶어 하지 않는다. 우리 형제나 자매, 부모님, 배우자, 연인, 친구들 역시 마찬가지이다. 다른 사람의 두려움에 대해서 듣다 보면 자기 자신의 두려움이 떠오르기 때문이다. 이런 까닭에 우리는 가까운 이들에게조차 불안한 마음을 털어놓지 못하고 괜찮은 척하게 된다.

진심으로 "괜찮아요"라고 말할 수 있다는 것은 참으로 감사한 일이다. 앞이 보이지 않을 정도로 가지가 무성하게 엉킨 숲속 같은 두려움을 헤치고 나아갈 때 우리는 이야기를 들어줄 사람이 필요하다. 정말 엉망진창이고 혼란스럽고 두렵고 부끄러운 순간에는 내가 지금 어떤 상황에 있는지를 솔직하게 드러내 보일 수 있는 사람이 곁에 있어야 한다.

아프면 아프다고 말하라

상황이 여의치 않다면 특정 문제를 가진 사람들을 위한 모임이나 단체를 알아보는 것은 어떨까? 이런 모임이 제법 많으며, 참여자들을 위해 안전하게 조직되어 있다. 당신과 같은 문제를 겪는 이들을 위한 모임을 찾았다면 직접 참여하여 당신에게 잘 맞는지,

도움이 될 만한지 알아볼 수 있을 것이다. 맞지 않다면 굳이 계속 참여하지 않아도 괜찮다. 나 역시 어느 모임에 몇 번 참여했다가 그만둔 적이 있다. 모임 구성원들이 타인에게 책임을 돌리거나 후회하는 데에만 급급했기 때문이다. 나는 힘든 순간에도 앞으로 나아갈 수 있는 사람들과 내 이야기를 나누고 싶었다.

기존 모임 가운데 당신과 맞는 것이 없다면 스스로 만들어보는 방법도 좋다. 1년 전쯤 나는 친구 데이비드와 함께 '두려움을 극복하기 위한 모임'을 조직했다. 자신의 두려움과 불안에 대해 이야기하고 싶은 사람을 대상으로 대여섯 명가량 모집했고, 일주일에 한 번씩 모여 두 시간 정도 함께 시간을 보냈다. 우리는 모임에서 딱 한 가지 규칙을 정했다. 서로의 이야기를 존중하고 모임에서 나눈 이야기는 비밀로 간직하기로 한 것이다.

사람은 누구나 자신을 있는 그대로 드러내고 진심을 털어놓을 장소가 필요하다. 이는 지극히 자연스럽고 불가피한 일이다. 단한 사람이라도 당신의 말에 귀 기울여주고 비밀로 지켜주며 존중해준다면 우리는 조금이라도 안심할 수 있다. 당신이 유별나서 두려움을 느끼는 것은 아니다. 다른 이들도 당신과 같거나 비슷한 고민을 하며 살아간다. 그저 당신과 고민을 나누고 이야기를 들어줄 준비가 된 사람을 찾기가 어려울 뿐이다. 우리와 같은 사람들은 분명 있다. 포기하지 말고 이야기 나눌 상대를 찾아보자.

우리를 힘들게 하는 의미 없는 상상

> 순간을 살 수 있다면 하루를 살기도 어렵지 않다. 다만 의미 없는 상상이 우리를 힘들게 한다. 오지 않은 미래를 상상하고, 수백만의 순간, 수천이 넘는 나날을 끈질기게 예측하며 지금 당장조차 살 수 없도록 진을 빼버린다.
> — 안드레 두버스Andre Dubus, 소설가

지역 신문 광고란을 보니 유명한 점성술사 연락처가 떡하니 나와 있었다. 당장이라도 한번 전화해볼까 싶었다. 점성술사가 다음 주, 다음 달, 다음 세기에 무슨 일이 벌어질지 확실하게 알려준다면 어쩐지 걱정을 덜 수 있을 것만 같았다. 아니, 최소한 정면 대응이라도 할 수 있지 않을까.

점성술사에게 정말 전화할 일은 없겠지만, 앞날을 볼 수 있다면 좋겠다고 생각할 때가 많다. 얼마 전 정기 검진을 받으러 병원에 갔다가 담당 선생님으로부터 왼쪽 몸의 마비 증세가 전보다 두드러졌다는 이야기를 들었다. 선생님은 뭔가 무서운 말을 늘어놓으며 약을 처방해주고는 더 심해질 것 같지는 않으니 꾸준히 운동하라고 조언했다. 충격이 컸다. 사실 지난 넉 달 동안 나는 이 병이 과연 어디까지 갈까 몇 번이나 상상했다. 남편이 오랜 세월 날 간병하다 지쳐버리진 않을까, 어쩔 도리가 없을 만큼 상태가 나빠져 내 스스로 살기를 거부하며 마지막을 준비하게 되는 상황이 오지는 않을까. 그러다 지치면 정반대로 기적 같은 상황을 떠올리기도 했다. 가령 완전히 나은 몸으로 마라톤에서 뛰는 모습 같은 것들 말이다.

'지금, 여기'라는 세계

약간의 상상력을 발휘하여 최악의 상황 혹은 최고의 기적을 떠올리는 일은 나쁘지 않다. 도리어 건강하다고 볼 수 있다. 두려움을 인정하고 최선의 해결책을 향해 마음을 열어두는 셈이기 때문이다. 그러나 앞날을 상상하는 일이 지나치게 잦아지면 현재의 삶은 점점 힘들어진다. 그 누구도 동시에 두 세계를 살 수는 없다. 한쪽이 아무리 상상의 세계라 해도 불가능하다.

결국 나는 앞날에 대한 상상에 빠져 오늘을 살지 못하는 것에 질려버렸다. 머릿속으로 수천 가지 시나리오를 떠올릴 수 있지만 그 가운데 단 하나도 설득력이 없다는 사실을 깨달았다. 게다가 미래를 정말로 예측한다고 한들 이를 뜻대로 조종할 수는 없다.

어느 만화에서 꼬마 숙녀가 엄마에게 이런 질문을 던졌다. "내일은 언제 볼 수 있어요? 매일 아침마다 또 오늘이 오잖아요." 절대 볼 수 없는 내일을 상상하며 두려워하길 그만두면 얼마든지 오늘로 돌아올 수 있다. 단지 오늘, 여기에 닻을 내려야 한다. 나에게는 신앙심이 그 닻이 되어주었다.

두려움과 불안은 대부분 미래를 예측하는 순간에 생겨난다. 막연한 미래가 아니라 현재부터 차례대로 바라보는 연습을 해보자. 깨어 있는 동안 혼잣말처럼 스스로에게 이렇게 말해보자. "지금, 바로 여기에 머무르자." 두려워하는 것들을 하나하나 떠올리며 만일 이런 일이 닥쳐온다면 한 번에 하나씩 오기를, 의연하게 받아들일 수 있기를 마음으로 기도하자. 침착하게 호흡에 집중하고, 숨을 들이마시며 '지금', 내쉬며 '여기'라고 말하는 것 또한 한 가지 방법이다.

앞날을 예측하려 애쓰지 말자. 지금, 여기에 살며 얻는 매일의 선물을 즐겨보자. 당신이 바라는 한 이 선물은 계속해서 당신 손에 주어질 것이다.

앞날을 예측하려 애쓰지 말자.
지금, 여기에 살며 얻는 매일의 선물을 즐겨보자.
당신이 바라는 한 이 선물은 계속해서 당신 손에 주어질 것이다.

최악의 상황을 상상하는 습관이 있다면

사실에 접촉하는 순간 평정심과 객관성, 생생함이 솟아
나지만, 공상으로 빠져드는 순간 끝내 불안과 우려에 종
착한다.   — 카를로스 G. 발레스Carlos G. Valles, 예수회 수사

위험을 감수하기로 결심하거나 어쩔 수 없이 절망적인 상황에
대면해야 할 때 우리는 최악의 사태를 상상하곤 한다. 이를테면
저축을 털고 대출까지 얻어 집을 사는 계약서에 서명하려는 순간
이런저런 걱정에 사로잡힐지 모른다. 홍수라도 나서 간신히 얻은
집이 떠내려가면 어쩌나, 집 건너편에 시끄러운 술집이 들어서면
어쩌나, 집에 흰개미라도 있으면 어쩌나 등등…….

배우자가 심장마비로 갑자기 세상을 떠나는 일이 벌어지면 누
구나 고통스럽기 마련이다. 절망적인 슬픔에서 영영 벗어나지 못
할까 봐, 혼자 아이들을 키우면서 직장 생활을 제대로 해내지 못
할까 봐 불안할 수 있다. 혹은 또다시 다른 누군가를 사랑할 수 없
게 될까 봐 걱정하고 두려워한다.

최악의 사태가 눈앞을 아른거리며 머릿속에 하나둘씩 쌓이기 시작한다면 일단 떠오르는 대로 내버려두자. 그다음, 이런 상황을 예방하거나 해결할 방법이 있을지 생각하고 실천하자. 별다른 도리가 없어 불확실성을 끌어안아야 하거나 천천히 해결책을 알아내야 한다면 이런 사실을 기억하면 어떨까. '아무것도 확신할 수 없는 것이 인생이지만 지금 이 순간에도 우리는 무언가에 의지할 수 있다.'

베트남 전쟁 당시 틱낫한Thich Nhat Hanh 스님은 가족을 전부 잃었다. 심지어 스님이 여승들과 함께 세운 고아원마저 폭격을 맞아 보살피던 아이들 상당수가 죽고 말았다. 그런 상황에서도 틱낫한 스님이 포기하지 않고 앞으로 나아갈 수 있었던 것은 한 가지 질문 덕분이었다. "오늘 나는 무엇에 의지할 수 있을까?" 의지할 수 있는 것이라고는 오로지 하늘에 해가 뜨고, 비가 내린다는 사실밖에 없는 날도 있었다고 한다.

오늘 나는 무엇에 의지할 수 있을까?

:

당신은 오늘 무엇에 의지할 수 있는가? 일본의 시인 미즈타 마사히데는 이런 단시를 남겼다. "집이 불타버린 덕분에 떠오른 달이 더 잘 보이는구나." 우리는 모두 마음을 기댈 실질적인 무언가를 발견할 수 있다. 마음 편히 먹고 해답을 기다려보자. 그리고 창의력을 발휘해 의지할 만한 것들을 떠올려보자.

내 친구 가운데 하나는 이혼의 아픔을 겪으면서 경제적인 불안과 혼자라는 외로움을 견뎌야 했다. 매일 아침 홀로 눈을 뜨고 나면 그녀는 오늘 자신이 의지할 수 있는 세 가지를 떠올리곤 했다. '오늘 나에게는 잠잘 집이 있고, 먹을 것도 충분하며, 출근할 직장이 있다'라고 마음을 달랜 것이다. 막막한 앞날에 대한 걱정이 밀려올 때도 이를 되풀이했다.

때로는 사랑하는 사람에게 의지할 수도 있다. 리디아는 대출을 받아 집을 마련한 후 혹시나 직장에서 해고되어 대출금을 갚지 못하고 길바닥에 나앉는 일이 벌어질까 봐 걱정하기 시작했다. 리디아가 공연한 상상에 불안해하자 그녀의 언니는 이렇게 말해주었다. "왜 쓸데없는 걱정을 하고 그래. 정말 그런 일이 생기면 우리 집에서 살면 되지. 내가 있는 한 네가 노숙자가 될 일은 없어."

당신은 오늘 무엇에 의지할 수 있는가? 낮이든 밤이든 전화 한 통이면 달려와주는 친구? 무슨 말을 해야 할지 모르는 순간에도 당신의 기도를 들어주는 신? 매일 아침 아픈 당신을 돌봐주는 간병인? 현관문을 여는 순간 꼬리를 흔들며 반겨주는 반려견? 당신 마음속의 진정성? 숨어 있던 두려움과 불안이 제아무리 모습을 드러낸다 해도 우리에게는 마음을 기댈 수 있는 존재가 있다.

"무언가를 하려 하지 마라, 일단 그 자리에 앉아보라."

만물의 이치 속에서 우주는 우리에게 무언가를 하라고 요구하지 않는다. 대신 무언가가 되라고 요구한다. 이 둘의 차이는 엄청나다. — 루실 클리프턴Lucille Clifton, 시인

10여 년간 메릴린은 스포츠 심리학을 연구하며 유망한 운동선수들의 최적 능력 수행 코치로서 일했다. 선수들이 능력을 최고치로 끌어내도록 돕기 위해 그녀는 한 가지 방법을 가르쳤다. 목표를 구체적 수치로 세우고 한 단계씩 목표에 도달하며 계속 진전하는 방식이었다. 메릴린은 자신이 성취하려는 바를 분명히 알고 구체적으로 목표를 추구할 때 비로소 성공할 수 있다고 강조했다.

매년 1월 1일이면 메릴린 역시 새해에 이루고 싶은 목표를 수치로 기록했다. 한 해 동안 7만 5000달러 벌기, 매주 고객 30명 상담하기, 집수리하기 등등……. 그다음에는 각 목표에 도달하기 위한 계획을 세심하게 준비했다.

그런데 올해는 좀 달랐다. 메릴린은 작년에 그랬던 것처럼 목표

를 세우려 했지만 수치화할 만한 일이 통 떠오르지 않았다. 대신 머릿속에 몇 가지 단어가 하나둘 떠올랐다. 진정성, 용기, 겸손, 인내, 너그러움, 감사……. 전에도 이런 가치들이 중요하다고 생각했지만 지금은 그녀의 마음속 무언가가 이렇게 말하는 것만 같았다. '실적만을 강조하지 말고 가치에 좀 더 집중하라.' 그녀는 이렇게 말했다. "구체적인 목표로 돌진하는 데 익숙하면, 추상적인 욕구는 도리어 불안하게 느껴져요. 뭐라 표현할 방법도 없고, 성격이나 사고방식과 관련된 문제를 '미션'처럼 수행하기도 막막하니까요."

메릴린처럼 가치에 집중해야 한다는 생각이 들어도 막상 어떤 결과가 생길지 몰라 불안할 수 있다. 두 발을 딛고 있는 이 땅이 갑자기 갈라질 것만 같고 그 사이로 추락해 영영 사라져버릴 것처럼 무서울지도 모른다. 그러나 그럴수록 오히려 세상으로부터 초대장을 받았다고 생각하라. 이는 당신 인생을 새로이 하고 속마음을 온전히 드러낼 기회이기 때문이다.

영혼의 건강을 찾는 과정

온갖 목표들로 가득 찼던 머릿속을 깨끗하게 비우고 조용히 앉아서 생각에 잠겨보자. 당신의 가치관을 실천하기 위해 할 수 있는 일들을 찬찬히 떠올려보는 것이다. 오로지 성공을 추구하는 세태에서는 한 가지 중요한 사실이 간과되곤 한다. 우리는 지위와 성공을 중시하는 화려한 종착지를 향해 달려가지만, 인생이라는 여정에서는 그게 전부가 아니라는 사실 말이다.

앞만 보고 날아가는 화살처럼 움직이지 않으려면 용기가 필요하다. 속도를 늦추고 잠시 쉬어가는 동안, 누군가는 당신이 예전 같지 않다거나 나태해졌다고, 혹은 아프다고 생각할지도 모른다. 이런 시선이 두려워 용기를 내기가 어려울 수도 있다. 그러나 당신 '마음의 건강'은 다른 사람들의 생각이나 반응보다 훨씬 더 소중하다. 모든 이들에게 인정받을 때까지 기다릴 필요는 없다.

무엇보다 이런 과정을 또 다른 스트레스로 여겨서는 안 된다. 틱낫한 스님은 이런 말씀을 하셨다. "무언가를 하려고 하지 말고, 일단 그 자리에 앉아보라." 시간제한을 두지 말고, 구태여 뭔가를 얻으려 애쓰지 말고, 자리에 앉아 마음을 고요하게 잠재우는 시간을 가져라. 꾸준히, 규칙적으로 이런 시간을 갖다 보면 영혼의 건강을 되찾을 수 있다. 조용한 공간 안에서 내면에 가라앉아 있던 삶의 가치를 찾고 이를 실현할 방법을 찾을 수 있다. 그리고 그 자리에서 일어나는 순간, 당신이 정말로 가고 싶은 곳이 어디인지 뚜렷하게 볼 수 있을 것이다.

위험 요소가 많은 세상에서 살아간다는 것

나는 이방인,
내가 만들지 않은 세상에서 두려워하네.
— A. E. 하우스만A. E. Housman, 시인

얼마 전 서점에 갔다가 자기계발서 코너에서 한 청년을 만났다. 그는 누군가에게 자신이 막 깨달은 사실을 알려주고 싶어 잔뜩 흥분한 상태였다. "전 이제 언제 어디든지 갈 수 있어요. 늦은 밤 위험한 동네에 가는 것도 괜찮아요. 왠지 아세요? 제 마음에는 평온함이 넘치거든요."

청년은 내가 뭐라 말할 틈도 주지 않고 용맹스러움을 받아들이면 우리는 그 기운만으로 얼마든지 보호받을 수 있다고 설명했다. 언변 좋은 청년 자신이 바로 그 증거인 듯했다.

청년의 설명은 꽤나 그럴듯하지만 그 말대로 용맹스러움을 받아들이기란 쉽지 않다. 우리와 가까운 사람들이 성폭행이나 총격, 절도 혹은 테러에 휘말려 크게 다치거나 사망하는 일이 벌어진다면 어떨까? 이런 범죄와 폭력 행위는 우리가 일상적으로 살며 일하는 곳 어디에서나 벌어질 수 있고, 그로 인해 우리는 얼마든지 두려움에 사로잡힐 수 있다. 나 자신이 다음 피해자가 될지도 모른다는 생각에 빠질 수도 있다.

위험 요소가 많은 세상에서는 만성적인 두려움에 사로잡힐 가능성도 높다. 어딘가에 가거나 머무르는 일을 두려워하게 되는 것이다. 가령 비행기를 타거나 관광버스를 타는 것조차 불안해할 수 있다. 두렵다면 잠시 생각을 멈춰라. 만에 하나 강도나 정신병자가 폭탄을 던져서 목숨을 잃을지도 모르지만, 지나치게 걱정하며 아드레날린을 분출하는 것 역시 건강에 치명적일 수 있다. 우리 몸에서 갑작스런 자극에 대응하는 반응 체계는 작동하는 동안 신체 기능에도 상당한 영향을 미치기 때문이다. 지속적으로 두려움을 느낄 경우 심장 질환이나 고혈압, 위장 장애, 면역 장애에 더욱더 취약해질 수 있다.

앉아서 걱정하기보다 일어나서 행동하라

물론 조심해서 나쁠 것은 없다. 그러나 바짝 엎드려 도망칠 준비부터 할 필요는 없다. 마음을 다잡고 두려움을 최대한 줄이거나 대처할 방법을 찾아보자. 어떤 사람들은 도심의 총격 사고와 차량 절도, 강도 사건에 질려 시골로 떠나기도 한다. 자신이 사는 도시가 테러 우범 지역이라고 판단하여 다른 지역으로 이사를 하는 사람들도 있다. 이사할 형편이 못되거나 오랫동안 살아온 고향을 떠날 수 없다면 보안을 철저히 하는 방법도 있다.

당신이라면 어떻게 하겠는가? 핸드폰에 위험 알림 서비스를 설정해둘 수도 있고, 조깅을 하는 동안 주변 소리를 듣기 위해 이어폰을 쓰지 않거나 친구와 함께 할 수도 있다. 큰 소리로 짖는 개를 데리고 다닐 수도, 호신술을 배울 수도 있다. 지역 단위로 운영하는 방범 단체에 동참하거나 이웃 사람들과 가깝게 지내며 서로 돕는 것도 방법이다.

시간을 투자하거나 돈을 얼마간 기부하여 지역, 국가 단위의 범죄 예방 노력에 동참하라. 그리고 무엇보다 범죄를 목격하면 신고하라. 그렇지만 국제범죄방지사 설립자 그렉 맥컬리즈Greg MacAleese가 말했듯 무장하기 전에는 신중해야 한다. 위험한 상황에서 무기를 사용하는 것은 정확한 판단과 훈련을 필요로 한다. 누군가 범죄 행위를 저지르겠다고 말하는 것을 엿들었다면 침착하게 판단한 후, 적절한 기관에 알리면 된다.

당신이 사는 세계를 변화시키기 위해서는 직접 해결책을 찾고자 노력해야 한다. 신중하고 기민하게 움직이자. 최선을 다해 외부의 위험에 대비하는 동시에 내면의 두려움에서 벗어나는 방법을 익혀야 한다. 차분히 심호흡하며 스스로 마음을 가라앉힐 수 있다는 사실을 기억하라. 아직 만성적인 두려움에 빠지지 않았다면 실제 위험에 얼마든지 대비할 수 있다는 사실을 잊어선 안 된다.

위험에 대한 두려움과 불안이 당신의 몸과 마음을 장악하기 전에 이를 거부하라. 당신에게는 두려워할 권리가 있는 동시에 이를 다스릴 의무도 있다.

사소한 결심이 습관이 되는 과정

사소한 결심이 습관으로 굳어지기까지 얼마나 걸릴까?
— 수전 그리핀Susan Griffin, 시인

일상적으로 두려움과 불안에 대면하라는 말을 귀가 아프게 들어도 도무지 쉬워 보이지가 않는다. 실제로 편안한 마음으로 불편한 감정을 마주 보는 상태까지 도달하려면 엄청난 용기가 필요하다. 그러나 용기는 누구나 손에 넣을 수 있다. 일상에서 두려움과 불안을 요리조리 피해 다니는 습관을 조금씩 줄이기로 결심하는 것부터 시작하면 된다. 겉보기에는 무의미해 보이는 사소한 결심이라도 차곡차곡 쌓이면 무시할 수 없다. 자신이 세계 최고 겁쟁이처럼 느껴지더라도 한 번에 하나씩 결심해나가면 마침내 이런 감정과 마주할 수 있을 것이다.

인생이 당신에게 묻는 것

:

이제 85세가 된 루스야말로 산증인이다. 1963년 루스는 의료시설에서 사회복지사로 일하다 끔찍한 사고를 겪었다. 하와이 몰로카이에서 한센병 환자들을 돌보는 일을 마친 그녀는 호놀룰루로 돌아가는 비행기에 올랐다. 그런데 그녀가 탄 경비행기가 바다에 불시착하는 사고가 일어났다. 루스는 허리에 심각한 부상을 입은 상태에서 해안까지 헤엄쳐 나와 간신히 목숨을 건졌다.

다행히 루스는 한 달이 지나 퇴원했고 병원을 나오자마자 안정을 취하고 싶어 해변을 찾아갔다. 그러나 그녀는 어린 시절부터 사랑했던 푸른 바다가 이제는 너무나 두려운 곳으로 돌변했다는 사실을 깨달았다. 그럼에도 루스는 계속해서 해변의 같은 자리를 찾아가 파도 소리를 듣고 돌아오겠다고 결심했다. 이 결심을 실천하고 한참이 지난 후, 그녀는 마침내 사고 후유증으로 생긴 두려움을 극복할 수 있었다.

수년간 한 번에 하나의 결심을 지키는 과정을 거듭하면서 루스는 두려움이 자신의 인생을 지배하길 거부했다. 지금 그녀는 노년의 한계를 받아들이는 중이다. 그녀는 이제 보청기를 껴야 하고, 안구 이식 수술도 받았으며, 무릎 관절을 교체했고, 끊임없이 허리에 통증을 느낀다. 간혹 아파트에서 홀로 산다는 사실에 조금 불안해하기도 한다. 그러나 두려움을 달래기 위해 식사를 준비하는 동안 가스레인지 끄는 것을 잊지 않도록 알람을 맞춰둔다. 이웃과 함께 신문을 구독하면서 매일 정해진 시간에 각자의 문 앞에 신문을 갖다놓기로 약속하기도 했다. 서로의 안부를 확인하기 위해서다.

루스는 자신의 신앙이 매순간 닥쳐오는 어려움에 대면할 힘을 준다고 했다. 젊은 시절부터 그녀는 매일같이 기도와 묵상, 성경 읽기를 쉬지 않았다. 규칙적으로 신과 함께하는 시간을 통해 진심으로 삶을 받아들일 용기를 냈다고 했다. "내 앞에 닥쳐오는 것들을 받아들이고, 부정적인 감정은 품지 않기로 결심했어요. 불운이 앞으로 닥칠 일에 대한 경고라고 생각하지 않아요. 운은 운으로 지나갈 뿐이지요. 이런저런 일들이 일어나는 게 인생 아니겠어요?"

오늘 당신은 두려움에 맞서기 위해 무엇을 결심할 수 있는가? 잠시 마음을 가라앉히고 심호흡을 반복하자고 마음먹는 것은 어떨까? 당신에게 부당한 죄책감을 심어주던 친척에게 더 이상 휘둘리지 않겠다고 마음먹는 것은 어떨까? 평소보다 30분 일찍 일어나서 명상을 해보는 것은? 알코올 중독자들을 위한 치유 모임에 가보는 것은? 식당을 열고 싶다고 생각만 하지 말고 적당한 자리를 찾아보는 것은 어떨까?

인생이 오늘 당신에게 무엇을 하라고 말하는가? 용감한 사람들은 그저 습관에 따라 움직일 뿐이다. 지금 당장 일상적으로 시도해볼 만한 무언가를 찾아보자. 사소한 실천이 모이고 모여 견고하면서도 믿음직한 습관이 될 것이다. 바로 '용기'라는 습관 말이다.

우리는 홀로 길을 걷지만 혼자가 아니다

어둠 속을 나서라. 도망치지 말라.
밤의 여행자들은 빛으로 충만하며
당신 역시 그러하다.
이 동지애를 저버리지 말라.
— 젤랄룻딘 루미Jelaluddin Rumi, 시인

13세기 페르시아 시인 젤랄룻딘 루미가 말했듯이 우리는 모두 '밤의 여행자'이며 빛으로 충만한 존재이다. 서로에게 동지애를 느낄 수도 있다. 20대 중반의 대학원생도 나에게 비슷한 말을 한 적이 있다. "사람마다 두려워하는 것이 있다는 사실을 알면 나는 혼자가 아니라고 생각할 수 있어요. 다른 이들이 두려움을 극복해냈다면 나도 그럴 수 있을 테고요."

매일 두려움을 마주하며 살다 보면 마치 홀로 길을 걷는 듯한 기분이 들지도 모른다. 그러나 다른 이들도 각자 나름의 고난을 겪고 있다는 사실을 알면 어떨까? 그들의 존재를 통해 동지애를 느끼는 것만으로 큰 위로가 될 것이다. 우리는 홀로 길을 걷지만, 각자 시간을 초월하는 거대한 여정을 함께하고 있다.

물론 두렵고 불안한 마음에 이런 사실을 잊어버리고 온전히 혼자라는 느낌에 사로잡힐 수도 있다. 나 홀로 어둠에 둘러싸인 밤을 여행하며 금방이라도 꺼질 듯한 촛불에 매달려 길을 찾는 기분이 들 수도 있다. 그러나 조금만 자세히 둘러보면 곧 주변에 있는 다른 불빛들이 눈에 들어올 것이다. 이 우주에서 오로지 당신 혼자만 두려움 앞에 내던져진 것은 아니다.

눈이 어둠 속에 적응하면 서서히 두려움에 맞선 우리 모두가 밤의 여행자라는 사실이 보일 것이다. 남녀노소 불문하고 함께 여행하는 동안 누군가는 총알이 비처럼 쏟아지는 전쟁터처럼 지옥 같은 상황을 겪어야 할 때도 있다. 초기 기독교인들은 콜로세움에 끌려가 사자 먹이가 되었고, 수백만의 유대인들은 2차 대전 동안 끔찍한 살상을 겪었다. 1960년대 미국, 흑인들은 버스의 유색 인종 지정석에 앉기를 거부했다. 2001년 9월 11일 경찰관들과 소방관들은 위험을 무릅쓰고 사람들을 구하러 나섰다. 그날 평소와 다를 바 없이 집을 나섰던 많은 사람들이 끝내 돌아오지 못했다. 이처럼 이 세계의 거주자로서 우리는 더 이상 '안전'과 '위험'의 경계가 명확하게 나뉘지 않는 상황에 놓여 있다.

밤의 여행자라면 누구나 크고 작은 두려움과 대면해야 한다. 다섯 살짜리 꼬마는 유치원에 가는 첫날 긴장되고 무서운 기분에 사로잡힌다. 어느 청년은 여자친구의 부모님께 첫인사를 드리기 전 떨리는 마음으로 초인종을 누른다. 텅 빈 화폭을 채워야 하는 예술가도 밤의 여행자이다. 상실의 아픔에 빠진 채 홀로 식사 준비를 하는 미망인 또한 마찬가지이다.

작가 린 앤드루스Lynn Andrews는 이렇게 말했다. "권력의 첫 번째 가르침은 우리 모두 혼자라는 사실이다. 권력의 마지막 가르침은 우리 모두 함께라는 사실이다." 우리는 각자 자신의 용기를 끌어낼 방법을 찾아야 한다. 그러나 인류 모두가 두려움과 갈등, 승리, 고락, 변화를 겪는다는 사실을 통해 고독에서 벗어날 수 있다. 외로운 마음을 누그러뜨리고 다른 이들 역시 용기를 내기 위해 노력했으며 앞으로도 그래야 한다는 사실을 인지하면, 우리 모두 한 배를 탄 존재라는 것을 깨닫게 된다.

앞서 소개했던 젤랄룻다 루미의 시는 이런 구절로 마무리된다. "밤의 여행자들을 위하여 달이 떠오른다." 두려움이 만들어낸 독방에서 빠져나와 다른 여행자들과 동지애를 느끼면 밤이 더 이상 어둡게만 느껴지지 않을 것이다. 우리가 서로의 길을 밝혀줄 때 우주 역시 우리를 도우며, 달빛으로 길을 밝혀준다. 그 순간 어둠 속에 숨어 있던 두려움과 불안이 우리 앞에 하나씩 모습을 드러낼 것이다.

'빌린' 인생을 받아들이는 법

당신이 지금껏 손에 쥔 모든 것은 잠시 빌린 것일 뿐이다.
— 바버라 킹솔버Babara Kingsolver, 소설가

몇 년 전 텍사스 주 갤버스틴에 살았을 때였다. 폭풍으로 인해 우리 아파트 앞에 있던 우편함이 날아가버렸다. 주변에는 그보다 심각한 피해를 본 곳도 많았지만 다행히 잘 복구되었다. 그 후로 나는 아파트 앞에 새 우편함을 설치해주길 기다렸지만 어쩐 까닭인지 계속 미뤄졌다.

당시 우편함은 내게 무척 중요한 의미가 있었다. 텍사스에 사는 동안 나는 하루 중 몇 시간이고 책을 집필하는 작업에만 매달렸다. 하지만 매일 오후 2시가 되면 하던 일을 멈추고 우편함으로 가서 도착한 편지나 청구서들을 살폈다. 나간 김에 동네에 있는 카페에서 커피도 한잔했다. 그리고 근처 만까지 산책을 하다 방파제 위에 다리를 쭉 뻗고 앉아 쉬었다. 한가로이 바람을 쐬면서 갈매

기 우는 소리를 듣고 파도 위로 돌고래들이 뛰어오르는 모습을 보고 있자면 마음이 한결 상쾌해졌다. 말도 안 되는 소리라고 할지 모르겠지만, 우편함이 사라지고 난 후 오후 2시면 마치 의식처럼 반복되던 나의 일상도 사라지고 말았다.

무언가를 잃을 수 있다는 것을 인정하라

모든 것이 제자리에 있을 때 우리는 편안하고 안정감을 느낀다. 무엇을 할지, 무엇을 볼지 정확히 알고 있는 까닭이다. 그러나 시간이 흐르면 언제나 그 자리에 있을 것이라 생각했던 것들도 결국 사라지기 마련이다. 애완동물이 죽거나, 가까운 친구가 멀리 이사를 갈 수도 있다. 자식이 성장하고 배우자가 세상을 떠나는 일도 벌어진다. 의지했던 치유 모임이 없어질 수도 있다. 한때 베이비붐 세대라고 불렸던 젊은이들도 이제 노인 할인을 받을 나이가 된다. 그리고 마침내 우리가 잠시 빌린 이 몸을 버리고 떠나야 할 순간이 온다.

짧든 길든 우리가 '빌린 것들'에 대해 협상의 여지가 없다는 사실을 알면 당연히 화가 날 것이다. '아무리 그래도 그렇지 어떻게 줬던 걸 도로 빼앗아갈 수 있담? 이건 불공평해!' 아니면 끊임없는 불안에 사로잡혀 부정적인 예측에서 헤어나오지 못할 수도 있다. '주식 시장이 붕괴하면 어쩌지? 또 대지진이 일어나서 우리 집이 무너지면 어쩌지?'

분노를 줄이고 마음속 불안을 달래려면 엄청난 노력이 필요하다. 인간이 살면서 마주치는 가장 커다란 난관은 우리가 '빌린' 이 인생을 받아들이는 법을 배우는 것이다. 이를 인정하는 것만으로도 감정을 다스리는 데 도움이 된다. 분노와 불안에 똑바로 대면하고 존중하라. 이로부터 도망치려 하지 말고, 소중한 하루의 순간순간이 망가지도록 내버려두지도 말라. 고통스러운 상실과 변화를 슬퍼하고, 무언가를 잃을 수 있다는 사실을 기꺼이 받아들여보자. 누구나 겪는 난관은 웃어넘겨라. 그리고 지금 주어진 것을 즐겨라.

지난 주 카일루아 해변에 갔다가 한 꼬마가 열심히 모래성을 만드는 것을 보았다. 어찌나 흠뻑 빠져 있는지 내가 옆에서 지켜보는 것도 모를 정도였다. 그 아이에게 파도에 모래성이 곧 휩쓸려 사라질 것이라는 사실은 중요하지 않았다. 그저 즐겁게, 온 힘을 다해 그 순간에 집중할 뿐이었다. 꼬마는 몰입하는 법을 아주 잘 알고 있었다. 우리도 얼마든지 이 순간에 몰입할 수 있다.

괜찮다고 말하면 달라지는 것들

"완벽하지 못한 날 용서한다."

마더 테레사조차 심장병으로 세상을 떠났다.
— 딘 오니시Dean Ornish, 심장 전문의

당신은 병에 걸렸다. 몸 어딘가가 나빠졌다. 무서운 뭔가가 몸 속으로 들어왔다. 자신이 부주의했던 탓에 두려워하던 일이 결국 일어났다는 생각을 지울 수 없다. 난치병이나 암에 걸리고 말았다. 혹은 에이즈 양성 반응 진단을 받았다.

이런 상황에서 당신은 겁에 질려 스스로를 탓하게 된다. 돌이킬 수 없는 잘못을 저질렀다고 여긴다. 채식주의자인 친구를 비웃으며 패스트푸드에 빠져 지낸 날들을 후회할 수도 있다. 아침마다 알람을 꺼버리고 기어코 늦잠을 잔 바람에 아침 조깅을 빼먹거나, 다이어트는 포기하고 뜨거운 초콜릿이 올라간 아이스크림을 마음 껏 먹은 것이 생각날지도 모른다. 새로 온 직원에게 밀려 승진에서 누락된 후 위장약을 입안에 털어넣으며 실망과 분노의 쓸쓸한

뒷맛을 억눌렀던 날은 어떤가.

물론 정말 당신 잘못으로 일어나는 일도 있다. 10여 년 전, 마빈은 거나하게 취한 상태에서 실수로 자기 다리를 총으로 쐈다. 네 시간 동안 이어진 수술에도 불구하고 상처는 완전히 회복되지 않았다. 그는 걸을 때마다 다리를 절고 밤이면 다친 부위에 통증을 느낀다. 그의 말대로 '바보 같은 짓을 한 대가'였다. 그러나 그 후 마빈은 술을 끊었고 8년이 지난 후에는 스스로를 용서했다. 당신 역시 그가 그랬던 것처럼 자신을 용서할 수 있다. 무엇보다 죄책 감에 빠지지 말아야 한다. 죄책감은 현실보다 편안한 은신처일지 몰라도, 지나치게 오랫동안 좌절감에 빠져 실수를 되새김질하는 것은 아무런 도움이 안 된다.

죄책감에 빠지지 말아야 한다

자신의 실수를 인정하고 용서한다는 것이 쉬운 일은 아니다. 그러나 어떤 일을 저질렀든 다시 시작할 수 있다. 과거에 집착하지 않기 위한 최선의 방법은 실수했던 순간을 마지막으로 한 번 더 떠올리는 것이다. 이때 모호한 죄책감과 극심한 후회를 밖으로 끌어내보겠다는 뚜렷한 목적을 갖고 있어야 한다.

자신이 그 일에 정확히 얼마나 책임이 있다고 생각하는가? 내가 망쳐버렸다고 생각하는 크고 작은 일들을 떠오르는 대로 적고 소리 내 읽어보자. 아주 사소해 보이는 실수라도 상관없다. 가령 어버이날 부모님께 전화하는 것을 잊어버렸다거나, 야근하는 동안 몸에 나쁜 인스턴트 커피를 연거푸 마셨다는 것도 포함될 수 있다. 얼마나 정확히 기억하는지는 중요하지 않다. 모든 실수를 일일이 알아낼 필요도 없다.

자신에게 책임이 있다고 생각하는 일들을 떠올리고 난 후, 마음속에 분노와 증오, 슬픔, 후회 등 어떤 감정이 생기는지 살펴보자. 이런 감정이 행여 마음에 들지 않는다 해도 친한 친구에게 하듯이 스스로에게 이렇게 말해보자. "완벽하지 못한 날 용서한다." 우리는 후회와 죄책감이 자기 자신을 공격하려는 순간마다 이를 저지하며 어김없이 용서하고, 또 용서해야 한다.

최선을 다해 이런 습관을 당신의 삶에 적용하고, 잘못된 일의 원인을 알아내기 위해 자책하는 것은 멈추자. 원인을 추측하고 증거를 모으는 일에는 끝이 없고, 때로는 다 잊어버려야 할 때도 있다. 고귀한 성인이든, 스포츠 스타이든 모두 그들의 업적과 관계없이 당신처럼 유한한 인간의 몸으로 살고 있다는 사실을 기억하자.

2부

•

불안한 감정 느끼기

비관주의와 제대로
이별하는 방식

"우리에게 생을 불어넣는 마음에 감사하라. 마음에서 비롯되는 사랑과 기쁨, 두려움에 감사하라."

시인 윌리엄 워즈워스William Wordsworth는 복잡한 인간의 마음에 이렇게 경의를 표했다. 우리는 마음속에 언제나 사랑과 기쁨, 평화 같은 감정들만 가득하길 바라지만, 마음이 열려 있는 한 그럴 수는 없다. 뼈가 시릴 만큼 강렬한 두려움과 격한 분노, 가슴 저린 후회를 느낄 때도 있기 마련이다.

마음속 출입구에 공항처럼 검색대를 설치해놓고 두려움을 포함해 느끼기 싫은 감정들은 배제한 채 오로지 긍정적인 감정들만 들어오도록 할 수도 없다. 우리는 두려움을 느껴야만 한다. 두려움을 느껴야 비로소 이로부터 풀려나거나 이를 다룰 방법을 터득할 수 있다. 우리 마음을 따뜻하게 유지하기 위한 과정은 그 안의 모든 감정을 느끼는 데에서 출발한다.

두려움에 인사를 건넬 시간

"두려움, 저리 가버려. 난 네가 싫어. 난 널 인정 못해"
라고 말하는 것은 최선이 아니다. 이렇게 말하는 편이
훨씬 효과적이다. "안녕, 두려움아. 오늘은 기분이 어
떠니?"
— 틱낫한, 승려

스티브는 지난 몇 주간 마음속 어딘가에서 조용한 곳을 찾아 혼
자만의 시간을 보내라는 속삭임을 들었다. 그러던 어느 날 오후,
그는 무작정 오픈카에 올라타 외딴 호수를 찾아갔다. 하늘에는 소
나기구름이 몰려드는 참이었다. "바보 같은 짓이야." 그는 이렇게
혼잣말을 중얼거리며 그냥 다시 돌아가는 편이 낫겠다고 생각했
다. 그러나 또다시 마음속 어디선가 자신을 믿고 불안에 맞서 계
속 가보라는 목소리가 들리는 것만 같았다.

호숫가에 도착한 스티브는 근처의 조망탑 위로 올라가 무릎을
끌어안고 앉았다. 한동안 물결이 일렁이는 너른 호수를 바라보며
자신의 삶에 대한 생각에 잠겼다. 이제 36세인 그는 끊임없이 누
군가를 만나고 헤어지는 데 익숙했다. 사실 10대 이후로 여자친

구 없이 지낸 시간을 헤아리면 고작 몇 주 정도밖에 되지 않았다. 스티브가 지금까지 애써 피해오다 간신히 마주하게 된 가장 큰 두려움은 바로 이것이었다. 언젠가 결국 모두 날 떠날지도 모른다는 두려움, 혹은 영영 혼자 살지도 모른다는 두려움……

빗방울이 하나둘 떨어지기 시작하자 스티브는 탑에서 내려와 차로 향했다. 그러다 비가 억수같이 쏟아져 내려 뛰기 시작한 찰나, 그는 별안간 우뚝 멈춰 섰다. 자신이 언제나 그랬듯 또다시 두려움으로부터 도망치고 있다는 사실을 깨달은 것이다. 스티브는 그 자리에 서서 떨어지는 빗줄기를 그대로 맞았다. 그리고 뚜벅뚜벅 걸음을 옮겨 차에 탔고 거세진 빗줄기를 뚫고 집으로 돌아갔다. 집 앞마당에 들어설 즈음에는 물에 젖은 생쥐 꼴로 덜덜 떨고 있었다. 다만 머릿속은 쾌청했다. 이 빗속을 운전하고도 살았으니 혼자여도 죽지는 않겠다는 생각이 들었기 때문이었다.

이 사건 이후로도 스티브가 두려움으로부터 놓여나기까지 많은 시간이 필요할 것이다. 그러나 용기 내어 대면한 것만으로 두려움은 더 이상 그의 마음속에서 제멋대로 날뛰지 못하게 되었다. 정체를 간파한 덕분이다. 그날 이후 8주가 지났지만 스티브는 일부러 새로운 이성 관계를 시작하지 않고 있다. 자신이 이런 두려움을 갖게 된 까닭이 무엇인지, 어쩌다 두려움이 더욱더 자라났는지 알아내고 싶었기 때문이다.

가장 중요한 것은 행동이다

:

어떻게 해야 우리는 마음속 두려움과 불안에 인사를 건넬 수 있을까? 스티브가 용기를 낼 수 있었던 이유는 사실 이성 관계에 중독된 이들을 위한 치유 모임에서 도움을 받았기 때문이었다. 그러나 굳이 어떤 모임에 참여하지 않고 혼자만의 힘으로도 충분히 용기를 낼 수 있다. 두려움을 피해 도망치는 일에 지쳐 자연히 걸음을 멈출 수도 있기 때문이다.

도망치지 말고 두려움과 불안을 맞이해야 할 때라는 생각이 드는 순간, 가장 중요한 것은 재능이나 에너지가 아니라 행동이다. 미처 긴장을 풀지 못해 말을 더듬거리며 두려움을 향해 인사할 수도 있다. 그래도 괜찮다. 이런 대치 상태에서 몸이 떨려온다면 할머니가 손수 떠주신 겉옷이나 부드러운 담요를 어깨에 두르자. 믿음직한 친구와 함께 있는 것도 좋다. 스티브의 경우처럼 극적인 상황이 벌어질 수도 있고, 그냥 집에 있는 일상적인 상태를 유지할 수도 있다. 어쩌면 평소처럼 자리에 앉아서 두려움에게 이렇게 말을 건네는 것만으로 충분할지도 모른다. "안녕, 너였구나. 차 한 잔 마실래? 난 네가 누구인지, 왜 내 주변을 맴도는지 알고 싶어."

그다음에는 귀를 기울여보자. 상냥하고 편견 없는 태도로 자기자신의 이야기를 듣듯 마음을 열어야 한다. 용기를 내어 두려움을 향해 직접 질문을 던질 때마다 당신의 삶을 지배했거나 하루를 망쳤던 두려움에 대한 정보를 얻게 될 것이다. 그것은 마침내 당신을 두려움으로부터 해방시켜줄 정보이다.

구원자는 바깥에 있지 않다, 안에 있다

내 삶은 완전하다. 누구도 내 인생을 대신 살 수 없고,
내 감정을 대신 느낄 수 없다.

— 샬럿 조코 벡Charlotte Joko Beck, 선불교 승려

살다 보면 다른 이들로부터 위안이나 도움을 얻는 때가 많다. 친구의 포옹이나 전화 한 통만으로 용기가 생길 때도 있고, 배우자로부터 크나큰 위로를 받을 때도 있다. 훌륭한 치료사나 영적인 스승 덕분에 깨달음을 얻기도 한다. 그러나 그 누구도 당신에게 필요한 모든 해답을 줄 수 없으며, 당신이 느끼는 모든 감정을 똑같이 느낄 수 없다.

내 아들 티모시가 네 살 무렵이었다. 티모시는 치과에서 충치 치료를 위해 마취를 받았는데, 얼얼하게 마비된 느낌이 무척이나 불쾌했는지 내게 계속해서 그 이상한 기분을 설명하려 애썼다. 심지어 내 손을 자기 턱에 갖다 대며 자신의 기분을 느껴보라고 말했다. 울상이 된 아이에게 나는 이렇게 말했다. "티모시, 엄마는

느낄 수 없어. 마취한 기분이 어떤지는 엄마도 알지만, 네 턱의 느낌은 오직 너만 느낄 수 있는 거야." 아들은 내가 자신의 감정을 똑같이 느낄 수 없다는 사실에 실망했지만, 그래도 내 손을 놓지 않고 턱에다 꾹 눌렀다.

누구도 내가 느끼는 감정을 똑같이 느낄 수 없다

사실 어른들도 마찬가지다. 특히 불안하거나 두려운 순간이면 우리는 다른 누군가가 나와 같은 감정을 느끼기를, 그리하여 그 감정에 혼자 외롭게 고립되지 않기를 바란다. 때로는 여기서 그치지 않고 더 큰 바람을 가진다. 그 누군가가 내 감정을 완전히 이해하고, 앞으로 어떻게 해야 할지 알려주고 용기를 북돋아주기를 원한다. 혼자서는 처리하기 힘든 불가능한 모든 상황을 대신 해결해주길 바라는 것이다.

우리가 연인, 배우자, 친구, 부모, 치료사 등 나 아닌 누군가로부터 자기감정을 온전히 공감받고 함께 두려움에 맞서주길 바라는 이유가 여기 있다. 다만 실제로 그렇게 해줄 수 있는 사람은 존재하지 않는다는 것을 우리 스스로 인정하지 않는다. 지구상에 나를 알아줄 구원자가 없다는 사실은 현실을 더욱 괴롭게 만들기 때문이다.

내 친구 낸은 이런 현실에 무척 좌절감을 느꼈다. 결혼한 지 35년이 지났고 대체로 만족스러운 생활이었는데, 우연히 어떤 일을 계기로 남편과 자신이 서로를 전혀 이해하지 못한다는 사실을 깨달은 것이다. 큰 충격을 받은 그녀는 내게 이렇게 말했다. "지구상에 정말 완벽한 짝은 없는 모양이야."

그 어떤 커플이라도 하나가 될 수는 없다는 사실, 완벽한 일치감을 주는 관계는 없다는 사실을 깨닫는다면, 선불교 승려 로버트 에이트켄Robert Aitken의 말을 이해할 수 있을 것이다. "참으로 아이러니하게도 우리가 세상에서 의지할 수 있는 건 아무것도 없다. 그러나 이를 깨닫는다면 언제든 자유롭게 떠날 수 있다."

그 누구도 이런 현실에서 예외는 아니다. 이불 밖으로 나와 졸음을 떨치고 하루 종일 깨어 있을지 말지는 오직 당신만이 결정할 수 있다. 바깥에서 구원자를 찾는 일을 멈추는 순간부터 당신 자신에게 의지하며, 내면의 감정을 느끼고 자신의 삶을 살기로 결정할 수 있다. 이런 일을 할 수 있는 능력은 오로지 당신 자신에게만 있다. 처음에는 내가 정말 할 수 있을까 두려울지도 모른다. 그러나 일단 행동을 시작하면 자신감도 커질 것이다. 두려움은 과거로 밀쳐버리고 매일매일을 살아가는 과정에서 무엇보다 깊은 만족감을 느끼게 된다.

모든 감정을 음미하는 연습

얼마 전 심리학자 폴 펄솔의 강연에 다녀왔다. 강연은 우리가 감정적, 영적, 육체적으로 스스로를 치유할 수 있다는 내용이었는데, 생생한 프레젠테이션도 인상적이었지만 뼈암에 걸렸다가 완전히 나은 그의 경험담까지 이어져 무척 감동적이었다. 나를 포함한 300명의 청중은 몇 번이나 울고 웃으며 그의 강연에 빠져들었다.

감정의 흐름에 편안하게 대응할 수 있는 환경은 흔치 않다. 우리 사회는 감정을 드러내는 것에 대해 불편해하며, 사람들은 감정을 밖으로 표현하기를 두려워한다. 잔뜩 웅크린 채, 감정을 느끼기보다 감정에 대해 생각하는 데 치중한다. 술을 마셔 취하거나, 진정제를 처방받기도 하고, 잠을 지나치게 자거나 자지 않으며, 혹은 TV에 빠져들기도 한다. 그러고는 이런 혼잣말을 중얼거린다. "난 두렵지 않아."

우리가 감정을 드러내길 두려워하는 것은 어쩌면 당연하다. 어린 시절, 부모님을 비롯한 어른들은 그들 자신의 감정을 드러내기를 꺼리며 그 불편한 마음을 우리에게도 전가했기 때문이다. 그러나 한바탕 쏟아내는 웃음이나 눈물, 낄낄거림 등 즉흥적인 감정을 표현하는 것은 우리 삶에 나름의 질감을 선사한다. 상냥한 미소나 살짝 찌푸린 표정이 삶을 부드럽게도, 거칠게도 만드는 것이다.

감정에 대해 생각하지 마라, 느껴라
:

다행히도 당신은 어린 시절의 기억을 극복하고 오직 자신만의 경험을 시작할 수 있다. 모든 감정을 기꺼이 받아들이는 것도 가능하다. 지금 두려움이라는 감정과 씨름 중이라면 조금 더 힘을 내 마음을 열어보자. 마음이 열리는 순간 다른 감정들까지 받아들일 자신감이 생겨난다. 좀처럼 두려움을 떨쳐내거나 무시할 수 없다면, 혹은 두려움을 느끼는 것이 유일한 대안 같다면, 이를 깨닫자마자 대면할 용기 또한 생겨날 것이다.

마음이라는 강물 속에 발을 담그며 따뜻하고 차가운 감정의 흐름을 느끼기로 결정한 순간, 이미 당신은 용기 있는 선택을 내린 셈이다. 그러나 준비가 필요하다. 처음에는 감정을 느끼고 표현하는 것이 불편할지도 모른다. 모든 사람이 과묵하고 침착한 장례식에서 울음을 터트리는 일이 무척 힘들 수 있다. 그저 살아 있음이 얼마나 멋진지 감탄하며 큰 소리로 웃는 것이 쑥스러울 수도 있다. 처음 몇 번은 가만히 앉아 두려움이 사그라질 때까지 기다려보자. 어쩌면 정말로 이런 일이 가능할까 의심이 들지도 모른다. 차가운 이성이 감정에 녹아들 때 무엇을 어떻게 해야 할지 막막할지도 모른다.

솔직히 말하자면 이런 불편한 마음은 어느 정도 지속될 가능성이 크다. 그러나 이를 참아내고 받아들이는 과정에서 점차 마음속에는 변화가 일어날 것이다. 스스로 두려움과 상처, 슬픔, 분노를 느끼도록 허락하면 그에 따라 즐거움과 사랑, 열정을 담을 그릇 또한 커지기 때문이다. 다양한 감정을 느끼는 것은 우리가 살아가는 데 반드시 필요한 과정이다.

감정은 가두 행진을 따라가는 악단과 같다. 감정은 당신의 삶이라는 가두 행진을 따라 흘러간다. 구슬픈 곡조를 연주하는 악단에게 흥겨운 곡을 강요하지 말고, 행복한 연주를 하는 악단에게 더 오래 있어달라고 애걸하지 말라. 악단 공연을 취소하거나 지연시키거나 재촉하지 말라. 그저 그들이 원하는 만큼 연주하도록 내버려두자. 당신이 해야 할 일은 그들의 공연을 감상하는 것이다. 빠짐없이, 온전하게.

불안을 해결해주는 한 가지 질문

두려움의 강점을 알아야 약점도 간파할 수 있다.

— 샬럿 브론테Charlotte Brontë, 작가

　때로는 질문 하나만으로도 충분히 두려움이라는 감정을 처리할 수 있다. 당신 자신에게 지금 일어날 수 있는 최악의 일이 무엇인지 묻는 것이다. 그 후 정말 어떻게 될지 지켜보면 된다. 그러나 대체로 우리는 이런 질문 자체를 꺼린다. 아마 한 번쯤 이런 말을 들어본 적 있을 것이다. "혹시나 했던 일이 현실로 나타났다." 우리가 최악의 가능성을 상상하길 꺼리는 가장 큰 이유는 걱정 때문이다. 가능성을 살짝 떠올리는 것만으로 정말 그 일이 일어날지도 모른다는 근거 없는 걱정……. 절대 그 끔찍한 두려움을 내 눈으로 직면할 용기는 내지 못할 것이라는 생각까지 한몫한다.

　그 와중에 정작 중요한 사실은 간과된다. 이미 두려움에 대한 생각이 당신의 의식 안과 밖에 퍼져 있으며, 잊을 만하면 유령처럼 모습을 드러낸다는 사실 말이다. 아무리 애를 써도 두려움은 꼬리에 꼬리를 물고 나타난다. '에이즈 검사 결과가 양성으로 나올지도 몰라', '이혼 소송에서 양육권을 빼앗겨서 아들을 평생 못 보게 될지도 몰라', '사업을 너무 빨리 키운 걸까? 날 믿어주는 직원들을 해고해야 하는 순간이 오면 어쩌지'…….

최악의 가능성에 대한 걱정은 이로부터 벗어나려 애쓸수록 더욱 빠르게 머릿속에 떠오르기 마련이다. 도망치려 하면 도리어 끈질기게 따라붙어 불안감만 부채질한다. 도망치지 않고 두려움의 정체를 파악해야 이를 제대로 관리하고 삶에 집중할 수 있다.

도망칠수록 쫓아온다

5년 전 메릴린은 몸소 이런 이치를 깨달았다. 딸의 신장에 문제가 있다는 사실을 발견했을 때 그녀는 삶이 무너지는 듯한 좌절감에 빠졌다. 딸이 죽을지도 모른다는 어마어마한 두려움에 사로잡혔고, 아무것도 할 수 없다는 사실에 무기력함마저 느꼈다. 다행히 메릴린은 자신의 신장을 딸에게 이식할 수 있다는 사실을 알게 됐다. 물론 신장 이식에 아무 문제가 없을지는 누구도 장담할 수 없었다. 애써 수술을 한들 거부 반응이 나타날 수도 있었다.

그러나 두려움에 대비해 할 수 있는 일을 파악하고 이를 입 밖으로 표현하는 과정에서 두려움은 더 이상 두려움이 아니었다. 구체적인 가능성으로 변화했기 때문이다. 이 과정에서 메릴린은 만약 두려워했던 일이 실제로 일어난다면 감당할 수 있을지 자신에게 물었다. 그리고 그럴 수 있다는 사실을 깨달았다. 어떤 일이 일어나든 딸에 대한 사랑을 흔들림 없이 전할 수 있다는 믿음 덕분이었다. "넌 나의 소중한 아이야. 엄마는 널 위해 무엇이든 할 수 있어." 수술은 다행히 성공적이었다.

이제 그동안 애써 피했던 질문을 던져보자. "혹시나 했던 일이 정말 일어난다면 어떻게 해야 할까?" 최악의 두려움을 떠올리는 것만으로도 힘들겠지만, 이에 어떻게 대응할 수 있을지 브레인스토밍을 해보자. 제한을 두지 말라. 말도 안 되는 우스꽝스러운 아이디어라도 괜찮다. 이 아이디어들을 머릿속에 쭉 정리해두고 현재로 돌아오자. 이 모든 과정을 서두르거나 즉각적으로 해답을 얻으려 노력할 필요도 없다. 당신은 머지 않아 실제로 도움이 될 만한 방법을 떠올리고 최악의 가능성에 적절히 대처할 수 있을 것이다.

최악의 시나리오에 집착하는 것만큼이나 도망치기만 하는 것역시 현명하지 못하다. 어둠 속에 있던 두려움을 밖으로 꺼내는 순간 그 형체가 드러난다. 이제 싸울 준비가 끝난 것이다.

자꾸만 감정에 휘둘리는 이유는 무엇인가

감정은 오로지 느끼기 위한 것이다. 우리가 욕구대로 움
직이는 동안 주목하고 체험하며 받아들이기 위한 것이다.
— 데이비드 레이놀즈David K. Reynolds, 심리학자

어떤 만화에서 이런 장면을 본 적이 있다. 주인공이 뉴스를 보
려고 TV를 켰더니 아나운서가 침울한 표정으로 말했다. "시청자
여러분, 안녕하십니까? 죄송합니다만 오늘 저는 뉴스를 전해드릴
기분이 아닙니다." 우리가 감정을 있는 그대로 느끼길 어려워하는
이유는 만화 속 아나운서가 그랬던 것처럼 감정에 휩쓸려버릴까
봐 두렵기 때문이다. 더구나 감정에게 우리 뜻대로 움직이라고 명
령하기는 그것에 휩쓸려가는 일보다 훨씬 어렵다.

저술가이자 심리요법 전문가인 데이비드 레이놀즈 박사는 이런
어려움을 다루는 방법에 대해 연구하고 가르쳤다. 이른바 '건설적
인 인생Constructive Living'이라는 이름의 이 원리는 만족스러운 삶을
영위하는 데 초점을 맞춘다. 특히 감정과 상관없이 우리의 가치관

과 목표를 설정하고 실행하는 데 효과적인 방법이다. 어느 라디오 인터뷰에서 레이놀즈 박사는 이렇게 설명했다. "사람들은 스스로 감정을 조절하거나 두려움을 정복할 수 있다고 말하곤 합니다. 사실 말도 안 되는 소립니다. 그럴 수 있는 사람은 없어요. 실제로는 죽을 만큼 두려우면서도 용기를 내어 행동할 따름이지요."

행동이 감정에 미치는 영향

레이놀즈 박사는 비행기 공포가 심했다. 그는 자신이 왜 비행기를 두려워하는지 이유를 알아내려 했지만 소용없었다. 그럼에도 그는 스무 번도 넘게 비행기를 타고 세계 곳곳으로 강연을 다녔다. 어째서였을까? '건설적인 인생'에 대해 많은 이들에게 알리고 싶다는 자신의 우선순위 때문이었다.

살아가면서 어떤 행위에 주목하는 일은 감정을 억누르거나 조정하려고 애쓰는 것보다 훨씬 쉽다. 기분이 우울해도 열심히 설거지를 한다면 우울한 기분은 그대로겠지만 적어도 부엌은 깨끗해진다. 중요한 프로젝트를 제때 완수하지 못할까 봐 불안하다고 해도, 하루에 한두 시간 더 투자한다면 불안이 완전히 없어지진 않겠지만 적어도 자료 준비는 끝낼 수 있다.

오늘 밤 나는 약간 피곤하고 아무 의욕이 없다. 나는 진심으로 이 책의 가치를 믿고 있으며 이 책을 쓰는 과정 역시 즐겁지만 지금 당장은 TV를 보고 싶다. 이런 감정을 억누를 필요는 없다. 이 모든 감정이 내 안에 있는 것이다. 나는 이 감정을 지켜보고 느끼면서 텅 빈 모니터를 작은 글자로 하나하나 채워나간다.

글을 쓰는 동안 피로는 조금씩 가시고 의욕이 다시금 차오르기 시작한다. 레이놀즈 박사가 이야기했던 것처럼 행동은 감정이라는 꼬리를 흔들며 다니는 것인지도 모른다. 즉, 행동을 활용하여 감정에 간접적으로 영향을 미칠 수 있다. 우리는 행동하는 과정에서 떠오른 감정을 지속적으로 인식할 수 있다. 행동하며 감정을 알아차리는 과정은 내적 성숙을 위해서도 꼭 필요하다.

아무것도 하지 않는 시간이 필요하다

명상을 해본 적 있는가. 명상은 마음을 고요하게 가라앉히고 들
여다보며 매 순간에 집중하는 것이다. 이런 명상을 거듭하다 보면
두려움을 편하게 느끼는 방법을 배울 수 있다. 사실 명상은 별다
른 행동이나 생각 없이 깨어 있는 상태와 같다. 그렇기 때문에 처
음에는 명상을 하는 동안 불안할 수도 있다.

메릴린도 작년에 처음으로 명상을 시작했을 때 그랬다. 매번 명
상을 하려고 자리를 잡을 때마다 누군가에게 전화하기로 한 일이
떠오르기 일쑤였다. 우리는 항상 뭔가를 하는 데에 익숙하다. 업
무나 봉사 활동, 집안일을 하고, 수다를 떨기도 하며, 사랑하는
사람을 만난다. TV를 보거나 밥을 먹고, 책을 읽고, 운동하고, 운
전을 하며, 컴퓨터 앞에서 시간을 보내거나 고양이와 놀고, 잠을

잔다.

끊임없이 무엇을 하는 데에 익숙한 이들이 아무것도 하지 않는 명상에 대해 거부감을 느끼는 것은 자연스러운 반응이다. 그러나 마음속에서 두려움이 주체하기 힘들 만큼 빠르게 퍼지고 있다면, 명상에 대한 거부감이나 의구심은 제쳐두는 편이 좋다. 두려움이 큰 때야말로 명상을 시작하기에 가장 이상적인 순간이기 때문이다.

규칙적으로 명상하는 습관

규칙적으로 명상하는 습관을 만들어보자. 매일 혹은 일주일에 최소 너덧 번 정도는 명상하는 시간을 갖기로 스스로 약속하는 것이다. 처음에는 10분 정도로 시작했다가 점차 30분에서 한 시간 정도로 늘려보라. 방석 위에 편안한 자세로 앉거나 의자에 똑바로 앉아서 할 수도 있다. 허리를 꼿꼿이 펴고 어깨는 편안하게 힘을 빼라. 양손은 동그랗게 모아 쥐거나 힘을 빼고 다리 위에 올려놓으면 된다. 저 멀리 응시하며 살짝 미소를 지어보자. 만약 몸이 좋지 않다면 침대 위에서 누운 자세로 명상을 할 수도 있다.

명상의 가장 첫 단계는 호흡에 집중하는 것이다. 깊이 숨을 들이쉬고 내쉴 때 배의 움직임에 유의해야 한다. 호흡을 느끼면서

"안으로, 밖으로"라고 말해보자. 꼭 이 말이 아니더라도 호흡 동작에 어울리는 단어를 선택하면 된다. "그래, 그래" 혹은 "지금, 여기"라고 말해볼 수도 있다.

아마 명상을 시작하고 처음 1분간은 이렇게 흘러갈지도 모른다. "안으로…… 밖으로……" 하고 중얼거리는 와중에 수많은 생각이 떠오를 것이다. 생각과 감정이 모습을 드러내며 자기를 봐달라고 방해하는 것이다. '오늘 할 일이 너무 많아. 내가 핸드폰 요금을 제때 냈던가?' 이는 단순히 생각일 뿐이라고 정리하며 호흡으로 돌아가자. 하나하나 똑바로 인지하면서 명상을 지속하면 된다. 그래도 생각이 끊임없이 떠오를 수 있다. '낸시에게 파혼하자는 이야길 어떻게 꺼내지? 난 정말 멍청이야. 허리가 아프다. 졸립기도 하고. 낸시에게 상처를 줄까 봐 두려워. 하지만 그녀 잘못이기도 해.' 이런 순간에도 마찬가지로 감정을 단순히 감정으로 인지하면서 호흡으로 돌아가야 한다. 명상 과정에서 떠오르는 생각과 감정에 굳이 저항하지 않아도 된다. 감정을 느끼고 다시 "안으로…… 밖으로……"를 읊으며 호흡으로 돌아가라.

생각과 감정은 우리 의식 속을 돌아다니지만 그것들이 곧 우리 자신은 아니다. 그저 우리 마음속에 떠다니는 구름 같은 존재일 따름이다. 명상을 연습하면 우리는 스스로 생각과 감정 이상의 존재라는 사실을 이해할 수 있다. 아무리 복잡하고 두려운 생각이나 감정이라 해도 우리를 완전히 파괴할 수는 없다.

　굳이 뭔가 할 필요 없이 그저 이들을 지켜보기만 하면 된다는 사실은 커다란 위로가 된다. 자잘한 생각의 곁가지나 순간적인 감정에 휩쓸려 다닐 필요가 없는 것이다. 수많은 생각과 감정이 등장하는 와중에 아주 잠시라도 마음이 넉넉히 비어 있음을 느낀다면 우리 삶은 충만해진다. 물론 그런 평온함 또한 영영 붙잡아둘 수는 없다. 그러나 명상은 아주 천천히, 매 순간을 있는 그대로 받아들이는 법을 알려준다.

불편하고 끔찍하지만 외면할 수 없다면

> 우리 내면을 자세히 들여다볼수록 무작정 덮어두었던
> 두려움과 갈등, 약점과 혼란이 더욱 또렷하게 모습을 드
> 러낸다. 이를 지켜보기란 결코 쉽지 않다.
>
> — 잭 콘필드Jack Kornfield, 작가, 심리학자

보통 우리가 명상을 시작하는 이유는 두려움을 가라앉히고 안정을 취하고 싶은 마음에 있다. 명상을 꾸준히 하는 습관은 우리를 평온한 삶으로 이끌기도 한다. 다만 한 가지 알아야 할 사실이 있다. 평정심을 추구하면 할수록 과거에는 미처 깨닫지 못했던 자신의 골치 아픈 면모를 알아차리게 된다는 점이다.

평소에는 우리의 생각과 감정이 아주 빨리 스쳐 지나갔다면, 명상을 하는 동안에는 마치 슬로모션처럼 천천히 움직이는 것 같다. 생각과 감정은 머릿속에서 소용돌이치며 훼방을 놓는 대신 하나하나 또렷하게 모습을 드러낸다. 특히 거듭 반복되는 생각이나 감정 중에는 아주 불편하고 끔찍한 것들도 있다. 이를테면 매주 일요일 밤마다 남편과 싸우고 불쾌한 기분으로 월요일을 시작하거

나, 매사에 불안해하거나, 다른 사람의 결점만 찾는 자신을 보게
되는 것이 그렇다. 심지어 거절을 하기가 두려워서, 아니면 아무
이유 없이 습관적으로 거짓말을 하는 자신의 모습, 혹은 부모에
대한 원망을 반복하는 자신을 볼 수도 있다.

그런데 우리는 용기를 내어 이런 생각과 감정을 마주하는 대신
지레 겁부터 먹는다. 그러다가 명상은 아무래도 그만두어야겠다
고 생각하고 만다. 명상하는 습관은 흡사 우리 내면에 밝은 조명
을 켜는 것과 같다. 때로는 자신의 마음에 빛을 비추어 보기가 버
거울 수도 있다. 또한 수개월 혹은 수년 동안 명상을 하다가도 문
득 힘겨운 순간이 찾아올 수 있다. 이런 때에는 명상을 함께하는
스승이나 심리요법 전문가의 도움을 받아 마음속에 가만히 빛을
비추어야 한다.

나 자신과 친구가 되는 방법

생각과 감정에 빛을 비추며 명상을 지속할 때 한 가지 난관이
있다. 당신 자신과 친구가 되는 방법을 터득해야 한다는 점이다.
그것도 하필이면 우리 내면의 고약한 모습을 속속들이 발견해가
는 와중에 말이다. 처음에는 이것도 고쳐보고, 저것도 처리해보겠

노라 외치며 열성적으로 나설지도 모른다. 반대로 고쳐야 할 것이 너무 많다며 포기하고 체념해버릴지도 모른다.

그러나 명상이란 우리 안의 무언가를 고치거나 더하는 활동이 아니다. 그저 주목하고 주목하며 또 주목하는 것이다. 주어진 시간 동안 우리 내면에 주목해보자. 굳이 무언가를 분석하거나 판단할 필요는 없다. 그런 가운데 우리는 자연스럽게 단순한 인지 상태에서 벗어나 서서히 발전하게 된다. 가령 암 재발에 대한 걱정을 천 번이 넘도록 하고 난 후에야 더 이상 불안에 집착하지 않겠노라 다짐할 수도 있고, 수만 번은 더 해야 비로소 멈출 수도 있다.

친절한 증인이 되어 우리 내면의 명상 과정을 지켜보면 일상에 서서히 평온이 물들어가기 시작한다. 나 자신의 감정과 진실한 친구처럼 지내보면 서로를 받아들이는 편이 훨씬 쉽다는 사실을 깨닫게 되는 순간이 온다. 평온한 마음이 커질수록 용기를 내어 적절하고 대담하게, 그리고 독창적으로 그때그때 상황과 사람에 대응할 수도 있을 것이다. 매번 새로이 마음먹기란 쉽지 않지만 동시에 무척 짜릿한 일이다. 삶은 매 순간이 새롭다. 마음속에서 끊임없이 변화하는 감정에 주목하며 이런 사실을 깨닫는 순간, 명상은 놀라운 기적으로 다가온다.

깊은 심호흡이 필요한 순간

> 공포는 미래의 두려움을 예상하고 그로 인해 마비되는
> 순간의 두려움이다.　　　　　– 셀던 콥, 정신의학자

'두려워하지 마!'

기말고사 시험지를 건네받는 순간, 병원에서 검사 결과를 기다리는 순간, 열다섯 살 딸이 통금 시간이 훌쩍 넘도록 돌아오지 않는 순간, 어두운 길을 걸어가는데 뒤에서 누군가의 발걸음 소리가 들리는 순간, 우리는 속으로 이 말을 되뇐다. 사람은 위협적인 상황에 처하면 공포를 느낀다. 특히 소중한 사람에게 위험이 닥칠 때 이런 감정은 더욱 고조된다.

공포가 마음을 장악하면 아드레날린이 분출되어 신경이 예민해지고 몸은 단박에 경계 상태가 된다. 위험을 감지하자마자 도망치거나 정면으로 마주할 준비를 하는 것이다. 어떻게 반응할지 고민하는 동안 심장은 고동치고, 호흡이 가빠진다. 머릿속이 어지럽고

속은 울렁거리고 가슴이 답답해진다. 온몸이 떨리거나 얼어붙은 것처럼 꼼짝도 할 수 없다. 이 모든 반응이 몸과 마음을 압도하면 머릿속에는 오로지 도망치고 싶다는 생각만 꽉 차게 된다.

공포감에 완전히 사로잡힌 순간에는 두말할 나위 없이 '호흡'을 기억해야 한다. 공포는 가장 기본적이고도 생명에 필수적인 기능을 방해한다. 바로 호흡이다. 사람은 두렵거나 무서운 감정을 느끼면 숨을 제대로 쉬지 않으므로 그런 때야말로 깊이, 천천히 숨을 들이쉬고 내쉬어야 한다. 숨을 들이쉴 때 배가 나오고 내쉴 때 배가 들어가는지도 확인해보자. 아울러 호흡 과정에 완전히 빠져든 자신의 모습, 단단한 바위처럼 굳게 서 있는 자신의 모습을 떠올려보자.

"나는 살아 있다. 숨을 쉬고 있다."
．
．
．

계속해서 호흡하며 편안한 마음으로 최대한 온몸의 긴장을 풀어보자. 우리가 확실하게 알 수 있는 사실은 아무것도 없지만, 숨을 쉴 수 있다는 것 하나만은 알지 않는가. 이런 사실에 감사하며 자신에게 말해보자. "나는 살아 있다. 이렇게 숨을 쉬고 있다."

호흡 과정을 반복하다 보면 마음이 차분하게 가라앉는다. 이때 당신의 현재 상황에 대해 생각해보자. 만약 뭔가 위협적인 상황에 처했다면 침착하게 자신이 할 수 있는 일을 떠올릴 수 있다. 도망치든, 소리 질러 도움을 청하든, 119에 전화를 하든 가능한 대응을 하는 것이다.

대응할 시간이 충분하다면 당신이 지금 무엇을 두려워하는지, 공포를 유발한 구체적인 원인이 무엇인지 질문해보자. 예를 들어 실직 상태에서 입사 면접을 앞둔 상황이라고 하자. 이때 당신은 새 직장을 구하지 못해 생활에 지장이 생길까 봐 두려운가, 아니면 면접 자체가 두려운가? 자신이 이 분야와 맞지 않다는 사실을 알면서도 현실에 쫓겨 면접까지 왔지만, 막상 내가 왜 여기 있는지 의구심이 드는가? 자신이 두려워하는 요인이 무엇인지 하나씩 살펴보자. 쉽사리 판단하거나 이로부터 성급히 벗어나려 애쓸 필요도 없다. 그저 내가 무엇을 두려워하는지 파악하면 된다.

그동안에도 계속해서 호흡해야 한다. 두려움에 대한 파악이 끝나면 깊은 심호흡으로 마무리하자. 이제 당신은 자신이 무엇을 두려워하는지 알고 있다. 아직은 정확히 이 두려움에 어떻게 대응해야 할지 모르지만, 공포를 길들이고 논리적으로 생각할 능력을 되찾을 준비가 된 셈이다. 신선한 공기를 들이마시며 호흡하는 동안 공포의 크기는 줄어들고 있다. 신중하게 정체를 파악하는 동안 그 위력 또한 시들해지고 있다.

자기 자신을 깔아뭉개는 습관을 버려야 한다

가장 필요한 용기는 당신이 지금 이 순간을 견뎌내도록
돕는 것이다. — 미뇽 매클러플린Mignon Mclaughlin, 저널리스트

때로는 하루를 버티기가 에베레스트 산을 넘는 것만큼 어려울
때가 있다. 단 1분을 버텨낼 자신이 없는 순간도 있다. 이럴 때에
는 아주 작은 용기로도 위안을 얻을 수 있다. 우선 한 가지를 기억
해야 한다. 살아 있는 한 얼마든지 용감해질 수 있다는 문장이다.
마음속에 있던 용기가 모조리 빠져나간 것 같지만 자세히 들여다
보면 조금은 남아 있을 것이다. 깊이 심호흡을 하며, 미소를 지어
보자. 그리고 다음과 같이 용기를 내는 연습을 해보자.

약간의 용기만으로도 충분하다

● 용기를 불러오는 습관을 만들자

용기를 불러오는 습관이란 두려움을 대면하고자 노력하는 과정에서 규칙적으로 행하는 무엇이든 해당될 수 있다. 이 습관은 두려움과 용기가 공존하게도 하고, 필요한 순간에는 멀어지도록 돕는다. 이런 습관은 그야말로 무궁무진하다. 요가를 하는 것, 기도나 명상을 하는 것, 영감을 주는 책을 읽거나 강연 자료를 보는 것은 어떤가. 음악 감상, 정원 돌보기, 산책, 수영, 일기 쓰기, 두려움을 글로 써보기도 괜찮다. 운동으로 몸에 긴장을 풀거나 요양원, 병원, 동물 보호소 등 도움이 필요한 곳에서 봉사 활동을 하는 것도 권할 만하다. 믿을 만한 친구와 함께 서로의 두려움에 대해 대화를 나누며 격려하는 것 또한 용기를 불러오는 좋은 습관이 될 수 있다.

● 미루는 습관이 필요하다

미루는 습관을 긍정적으로 활용해보면 어떨까? 영화 〈바람과 함께 사라지다Gone with the Wind〉에서 주인공 스칼렛이 그랬던 것처럼 내일의 일은 내일 생각해도 괜찮을 때가 있다. 두려움이나 공포는 내일로 미뤄두고 아직은 생각하지 말자. 남은 하루 동안 매

순간에 몰두하며 주변을 살펴보자. 주위에서 들려오는 소리에 귀 기울이거나 낮잠을 잘 수도 있다. 행여 두려움이 스멀스멀 기어 나오려 한다면 단호히 막아버리자. '지금은 안 돼! 올 테면 나중에 와'라고 저지하는 것이다. 물론 이 방법에도 한계는 있지만 잠시나마 마음에 휴식을 줄 수 있다. 하루 혹은 일주일 동안 깨끗하게 마음을 비우고 기운을 회복하도록 도와줄 것이다.

● 두려움이 되풀이하는 우울한 이야기에 빠져들지 마라

같은 두려움을 느끼면서 마음속에서 지긋지긋하게 되풀이되는 이야기들이 있다. 매번 우울하고 짜증나는 결과로 이어지는 반복적인 사고방식 말이다. 이를테면 당신은 재혼한 남편과 싸울 때마다 속으로 똑같은 결론을 내린다. '전남편이 그랬던 것처럼 지금 이 사람도 결국 나를 떠나버릴 거야'라고 지레짐작하는 식이다. 지치지도 않고 반복되는 이런 사고방식에서 벗어나려면 새로운 결말을 만들어야 한다. '지금 남편은 내 말을 잘 들어주고 나도 이 사람 말을 들어주고 있어. 가끔 마음이 맞지 않을 때도 있지만 서로의 생각을 존중해주지. 내가 무엇을 두려워하는지 이 사람에게 털어놓고 이야기해보자.'

이렇게 완전히 다른 결말이 등장하면 자연히 이를 실현할 방법도 떠오르기 마련이다. 완벽한 해피엔드를 얻기는 불가능할지도

모르지만, 또 다른 결말은 얼마든지 존재한다는 사실을 기억하도
록 돕는 것이다. 또한 전보다 훨씬 효과적으로 두려움에 대처할
수 있게 될 것이다.

● 나 자신과 친구가 되어라

혹시 당신 자신을 계속해서 비하하고 있지 않은가? '난 겁쟁이
야. 이렇게 겁먹고 두려워하면 안 되는데……. 다른 사람들은 잘
만 하는데, 난 대체 왜 이 모양일까?' 믿기 어려울지도 모르지만
자기 자신을 깔아뭉개는 습관은 언제든 버릴 수 있다. 나아가 친
한 친구를 위로하는 것처럼 자신을 다독여주는 것도 얼마든지 가
능하다. 꾸준히 스스로에게 위안을 주는 말을 해보자. '사람은 얼
마든지 두려워할 수 있어. 괜찮아. 난 해낼 수 있어. 실수를 할 때
도 있을 테지만 난 최선을 다할 거라고 믿어.'

비관주의와 제대로 이별하는 방식

비관주의는 타고나는 것이 아니다. 부모와 교사, 학교
야구 팀 감독으로부터 배우는 것이다.

― 마틴 셀리그먼Martin E. P. Seligman, 심리학자

대기업 임원으로서 안정된 직장에서 일하는 캐런은 동료들로부터 인정받는 재원이었다. 그러나 10여 년간의 직장 생활 이후 그녀는 퇴사를 결정했다. 좀 더 여유 있는 시간과 창의성을 자유롭게 발휘할 공간을 원했기 때문이다. 그녀는 자기만의 컨설팅 회사를 차리고 싶었다.

그런데 문제는 캐런 자신이 두려움으로 인해 시작도 하기 전에 경직되어버렸다는 것이다. 매일 컴퓨터 앞에 앉아서 마케팅 브로슈어를 작성해보려 했지만 단 한 줄도 쓸 수가 없었다. 창업을 하는 것이 점점 두렵기만 했다. 고객을 찾아 나섰다가 문전박대를 당하는 장면이 자꾸만 떠올랐다. 그때마다 귓가에서 어머니의 성난 목소리가 들렸다. "넌 참 멍청하구나." 이어서 아버지의 목소리

도 따라왔다. "넌 절대 스스로 해낼 수 없을 거다." 손끝이 살짝 떨리기 시작했다. 마치 부모님의 '예언'이 맞아들어가는 것처럼……. 그녀는 그만 두려움으로 손가락 하나 까딱할 수가 없었다.

이제 막 30대에 접어든 변호사 미셸은 결혼을 준비하려 한다. 그러나 과연 좋은 사람을 만날 수 있을까 불안했다. 커져만 가는 불안감에 결혼이라는 제도 자체에 대한 생각이 회의적인 쪽으로 변해가고 있다. 그녀 마음속에는 항상 이런 생각이 자리하고 있다. '우리 엄마 아빠도 언니랑 내가 성인이 될 때까지만 결혼 생활을 유지하셨지. 그전까지는 나름대로 평온한 가정이었지만 남녀 사이에 어떤 일이 있을지 누가 알겠어. 엄마도 결혼이 좋기만 한 건 아니라고 하셨잖아.'

앤서니는 종종 친구들에게 편지를 쓰지만, 봉투에 우표까지 붙여놓은 상태로 몇 주 동안이나 책상 위에 내버려두는 버릇이 있다. 사실 앤서니에게는 상대를 편안하게 만드는 글재주가 있다. 그러나 그는 사람들이 자기 글씨를 알아보지 못할까 봐 두려운 마음에 편지 부치는 일을 늘 뒤로 미루곤 한다. 초등학교 1학년 때 담임선생님이 그가 삐뚤빼뚤하게 쓴 글씨를 반 친구 전체에게 보여주며 놀렸던 일을 아직도 잊어버리지 못한 탓이다.

우리 인생에서 비관주의는 두려움과 불안을 느끼며 최악의 일을 상상할 때 잡초처럼 자라난다. 누군가가 비관주의의 싹을 틔우고 물까지 주었을지 모르지만, 잡초가 계속해서 자라는지 감시하는 것은 오로지 우리의 몫이다. 어쩌다 잡초가 생겨났다면 어떻게 해야 없어질지, 뿌리까지 모조리 뽑아낼 방법은 무엇일지 고민하는 것도 마찬가지로 우리가 해야 할 일이다.

'고객들이 내가 만든 세일즈 브로슈어를 그냥 휴지통에 던져버리면 어쩌지?, 결혼 생활이 불행하게 끝나버리면 어쩌지?, 내가 쓴 글씨를 아무도 못 알아보면 어쩌지?'······. 물론 실제로 이런 일이 일어나면 웃어넘길 수만은 없겠지만, 그렇다고 정말 큰일이 나는 것도 아니다! 비관주의자들은 비관적으로 생각하는 데 유능할지 몰라도, 정작 노력이 지닌 가치를 이해하는 데는 부족하다. 우리 내면의 본질적인 가치는 일의 성패와 관계없이 소중하다는 사실 역시 쉽게 간과해버린다.

다행히 아직 늦지 않았다. 비관주의는 우리의 일부가 아니다. 우리에게 잠시 이식되었을 뿐이다. 우리는 새로운 통찰을 통해서, 확고한 결정을 통해서 부정적인 생각과 행동 패턴에서 마침내 벗어날 수 있다.

두려움은 우리가 어떤 변화를 원하는지 가리키는 표징 역할을 한다. 만약 변화를 결정하고 행동한다 해도 좀처럼 앞으로 나아갈 수 없다면 머릿속에 새로운 생각을 심어주면 된다. '나의 진정한 가치는 내 노력의 결과와 관계없이 존재한다.' 당신이 모든 것을 늘 증명할 필요는 없다.

왜 지금 정면승부해야 할까?

두려움을 두려워하는 한 절대 극복할 수 없다. 그럴수록
두려움은 더욱 강해지기 마련이다. 두려움을 향해 주먹
질하고 지옥으로 꺼져버리라고 일갈하며 맞서라.

— 캐서린 쿡슨Catherine Cookson, 작가

두려움이 마치 방문 판매 영업자처럼 끈질기게 찾아올 때가 있
다. 그로부터 벗어나고 싶고 저 멀리 쫓아버리고 싶지만 그럴수
록 그것은 오히려 뚜렷해진다. 두려움은 절대 포기하지 않으며
당신이 죽을 만큼 두려워하도록 몰아가려는 속셈을 가지고 있는
것 같다.

이럴 때면 너무나 겁이 나고 무기력해져서 무조건 도망치는 것
밖에 방도가 없는 것처럼 느껴진다. 그러나 두려움으로부터 잠시
도망칠 수 있을지는 몰라도 영영 숨을 수는 없다. 젖 먹던 힘을 다
해 질주하거나 심지어 우주로 날아간들 두려움은 매번 한 걸음 일
찍 와서 당신을 기다리고 있을 것이다. "왜 이렇게 늦었어?"라고
비아냥거리면서.

두려움이 더 이상 당신 삶을 장악하지 못하도록 그 위력을 줄일 방법은 분명 있다. 두려움에 맞설 전략을 송두리째 바꾸는 것이다. 두려움이 거구의 레슬링 선수처럼 떡하니 서 있을 때 도망치지 말고 두 눈을 똑바로 보고 맞서보라. 어마어마하고 끔찍하게 느껴졌던 녀석의 존재감을 당신 인생에서 완전히 거부하겠노라 외치는 것이다. 그리고 두려움을 뚫어지게 노려보면서 정체를 파악하고 지옥으로 가버리라고 말하라. 녀석을 향해 소리 지르고 분노하라.

다른 누군가에게 도움을 청하는 방법도 있다. 만약 신앙이 있다면 꾸준히 기도하며 현재 상황에 대해 성찰하고 절대자에게 이 두려움을 진압할 수 있도록 도와달라고 청해보자. 두려움이 한낱 먼지바람에 불과하다고 상상하는 것도 도움이 된다. 과거에 두려움을 이겼던 경험을 떠올려보는 일 역시 효과적이다.

전략을 송두리째 바꿔라

앞서 두려움에 정면으로 맞선 내 경험을 이야기했던 것을 기억하는가. 나는 오늘 아침 TV에서 신경질환에 대해 보도하는 뉴스를 보았다. 내가 앓는 질환과 상당히 흡사한 병이었고, 이제 초기 증상을 겪고 있다는 환자의 인터뷰도 등장했다. 지난 6개월 동안 내 몸 상태는 썩 괜찮은 편이었지만, 인터뷰를 보면서 문득 이런 생각을 했다. 그 누구도, 아무리 실력 좋은 의사라 해도 이 병이 어떻게 진행될지, 언제 어떻게 나빠질지 알 수 없다는 사실 말이다.

알 수 없는 병에 끈질기게 시달려야 한다는 생각에 나는 다시 두려워졌다. 귓가에서 두려움이 이렇게 속삭이는 것만 같았다. "교활한 인간 같으니. 지금껏 얼마든지 원하는 대로 살 수 있다고 생각했겠지. 하지만 당신은 결국 죽을 때까지 두려워할 수밖에 없어."

TV를 끄고 정비소에 차를 맡기러 갔다. 자동차 열쇠를 꺼내 직원에게 건네려는데 손이 덜덜 떨렸다. 두려움이 내 등 위에 올라타고 짓누르는 탓에 몸은 천근만근이었고, 나는 간신히 집까지 걸어왔다. 그리고 침대 옆에 무릎을 꿇고 앉아 기도했다. 내 곁에서 두려움에 맞설 수 있도록 도와달라고……. 그런 다음 두려움을 향해 외쳤다. 그 어떤 방법으로도 내 남은 하루를 망칠 수 없다고, 절대로 망칠 수 없다고! 이 마지막 결전은 꽤 힘겨웠지만 마침내 두려움이 뒤로 물러났다. 물론 두려움은 언제든 다시 돌아올 것이다. 그러나 넘어지고 구르고 또 일어나며 나는 두려움에 하루하루 맞설 것이다.

아무 일도 없는 것이 더 불안한 당신에게

평온함이 워낙 낯설다 보니 처음엔 뭔가 잘못된 상태처
럼 느껴진다. 나는 열병처럼 지끈거리는 불안감이 훨씬
친숙하게 느껴지곤 했다. — 루시 프리먼Lucy Freeman, 기자

얼마 전이었을까. 오전 6시 30분 무렵 호놀룰루 민방위 경보가
울리기 시작했다. 허리케인 소식은 없었는데 대체 무슨 일인가 싶
어 TV를 틀었다. 알고 보니 일본에서 일어난 지진의 영향으로 하
와이에 쓰나미 경고가 내려졌다고 했다. 해안가에 거주하는 주민
들이 대피했고 모든 기관과 학교가 문을 닫았다. 무려 여섯 시간
동안이나 모두들 숨을 죽이고 해일이 덮쳐 온 섬이 쓸려 나가는
것은 아닐까 전전긍긍했다.

사실 내가 사는 아파트는 안전 고도에 있었기 때문에 위험하지
않았고 다칠 위험도 없었다. 그럼에도 알 수 없는 불안감이 엄습
했다. 뉴스 속보에 귀를 기울이며 화면을 통해 개미 한 마리 없는
와이키키 해변과 도로를 보고 있자니 가슴이 답답하고 기분이 묘

했다.

어떤 이들은 매일같이 이런 경보 상태의 불안감을 느끼며 성장한다. 이를테면 술에서 벗어나려 애쓰는 어머니와 손에서 담배를 놓지 못하는 아버지 사이에서 자란다면 어떨까? 일상에서 드라마보다 더 극적으로 비극과 비극을 오가는 부모 밑에서 자라는 아이들도 있다.

자신에게 닥친 불의의 사건 사고들로 인해 불안하고 초조한 상태에서 벗어나지 못하는 사람들도 있다. 가령 상당수의 성폭행 피해 여성들이 후유증으로 평범한 일상생활에 어려움을 겪는다. 전과 달리 혼자 슈퍼마켓에 가는 일조차 두려워하는 것이다. 그들은 과거에는 얼마든지 누릴 수 있었던 마음속 평온을 이런 사건으로 영영 빼앗겨버린다. 참전용사 혹은 사고 생존자 역시 예민해진 나머지 극도로 불안해하거나 두려움을 느끼며, 치명적인 병이나 장애에 시달리는 이들과 다를 바 없이 고통을 안고 사는 경우도 있다.

불안감이 왜 훨씬 친숙한가

가정환경이나 사건 사고의 영향으로 인해 불안과 두려움에 사로잡혔다 하더라도 우리는 다시 평온함의 세계로 들어갈 수 있다.

물론 이런 시도를 할 때에도 큰 난관이 눈앞을 가로막곤 한다. 평
온함이 평범한 것 혹은 자연스러운 것으로 느껴지지 않기 때문이
다. 우리는 보통 평온한 상태에 익숙하지 않다. 열병처럼 온몸에
맥박 치던 불안감이 사라지면 과연 무슨 일이 벌어질까 몰라 걱정
한다. 평온한 상태가 되면 도리어 죽은 듯이 무기력해질까 봐 두
려워하는 것이다.

　갈피를 못 잡고 헤매다 끝내 마음의 평정은 내게 어울리지 않는
다는 결론을 내릴지도 모른다. 그러나 포기하기에는 너무 이르다.
정 어렵다면 전문가의 도움을 구하면 된다. 중요한 것은 불안이란
중독성이 너무나 강해 몰아내기 어렵지만, 결정적으로 평정을 이
길 수 없다는 사실이다. 불안이 사라지지 않는 한 논리적으로 생
각할 수 없으며 기쁨 역시 누릴 수 없다. 불안으로 거듭되는 스트
레스는 결국 당신의 수명을 줄일 뿐이다.

　마음속에 자리 잡은 불안은 치워버릴 수 있다. 대신 그 자리에
두려움을 대면하고 감지하는 단계를 채워넣으면 된다. 이를테면
초조해지려는 순간 웅크리며 숨지 않고 스스로에게 이런 질문을
던지는 것이다. "나는 무엇을 두려워하는가?" 막연해 보이던 불안
의 정체가 파악된 후에는 두려움을 향해 이렇게 말해보자. "난 내
마음속 두려움이 무엇인지 알고 있다. 이 두려움이 전하는 메시지
가 무엇인지 알아낼 것이다. 계속해서 두려움을 인지할 것이고,

필요하다면 그것에 정면으로 맞설 것이다."

위와 같은 단계를 거듭하다 보면 자연스레 마음에 평온함이 찾아온다. 그리고 머지않아 평온함이 마치 또 다른 본성처럼 당신 내면에 자리 잡을 것이다. 과거에 불안감이 그랬듯이 말이다. 무엇보다 지금 내 마음속 불안을 과감하게 버리지 못하고 불안해하는 마음부터 버려야 한다.

어린 시절의 경험을 재구성하는 연습

> 어린 시절 터득한 위협에 맞서는 기술은 어른이 된 후까
> 지 써먹기에는 부족하다. — 셸던 콥, 정신의학자

두려움에 떨며 무능해 보이는 자신을 발견하는 순간, 또는 도무지 용기가 안 나는 순간에 맞닥뜨릴 때마다 지금부터 알려주는 방법을 활용해보라. 자신감을 얻는 데 도움이 될 것이다. 혼자서도 할 수 있지만, 정신건강 분야 전문가 혹은 가까운 친구와 함께하면 더더욱 좋다.

우선 편안한 자세로 바닥에 눕거나 앉아 두 눈을 감아보자. 마음을 열고 어린 시절 두려움을 느꼈던 사건을 하나 떠올려본다. 사건이 떠오른다면 여기에서 등장하는 어린 자신의 모습을 마치 영화 속 등장인물처럼 객관적으로 바라보자. 심호흡을 하며 사건을 되돌아보자. 단, 자신은 이제 어른이며 모든 상황을 통제할 능력이 있음을 기억해야 한다. 여전히 두려움이 느껴진다면 언제든

멈춰도 좋다. 좀 더 자세하게 들여다보고 싶은 순간이 있다면 시간을 들여 살펴본 후 넘어가도 된다.

어른을 위한 자신감 훈련

나는 메릴린과 함께 이 방법을 연습해보았다. 나는 우선 열 살짜리 소녀가 길모퉁이에 서 있는 장면을 떠올렸다. 따뜻한 봄날 저녁, 소녀는 부모님과 함께 산책을 나와 초콜릿 아이스크림을 먹고 있다. 소녀는 하루 종일 배가 아프더니 이제는 속에서 화산이라도 터질 것 같은 지경이다. 하지만 얌전하고 내성적인 성격이라 배가 아프다고 말해야 하나 말아야 하나 고민만 하고 있다. 그러다 더 이상 참을 수 없어 들고 있던 아이스크림을 떨어뜨린 채 소리를 지르고 만다. 온몸을 웅크리며 괴로워하는 소녀를 아버지가 병원까지 데려간다. 의사를 만나 진료를 받은 후에야 맹장이 터졌다는 사실을 발견한다.

이제 당신이 관찰한 사건을 재구성해보자. 사건 속 아이를 도울 방법을 찾아보는 것이다. 아이에게 다 큰 어른과 같은 사고력과 판단력을 주고 똑같은 상황에서 어떻게 행동할지 질문해보자. 나의 경우, 앞서 이야기한 사건을 이렇게 재구성했다.

그날 이른 오후 소녀는 담임선생님에게 몸이 좋지 않다고 말하고 조퇴한다. 엄마에게도 배가 아프다고 이야기한다. 이후 통증이 더 심해지자 엄마에게 이를 알리고 함께 병원으로 간다. 다행히도 상황이 위태로워지기 전에 대처한다.

그다음으로는 재구성한 사건을 돌아보며 지금의 당신은 이 이야기에서 어떤 교훈을 얻을 수 있을까 생각해보자. 혹시 아무것도 떠오르지 않는다 해도 초조해할 필요는 없다. 며칠 혹은 몇 주가 지나고 머릿속에 불현듯 떠오를 수도 있다. 나는 부모님이 미처 내 마음을 읽지 못했다는 사실에 대해 곰곰이 생각해보았다. 이제 어른이 된 나는 내 상황에 대해 똑똑히 말할 줄 알아야 한다는 사실을 깨달았다. 그제야 한결 마음이 놓였다. 어떤 위험이 닥치든 적극적으로 도움을 구해야 한다는 사실을 분명하게 깨달았기 때문이다.

자신의 능력에 회의가 드는 순간마다 이 연습을 거듭하라. 매번 다른 기억이 떠오를 수도 있고 같은 기억이 되풀이될 수도 있다. 어떤 상황에서든 자신을 재촉하거나 다그치지 않길 바란다. 이 연습의 목적은 과거의 실수를 자책하는 것이 아니다. 뒤늦게나마 깨달음을 얻는 기회로 삼으려는 것이다. 어린 시절 우리에게 주어진 선택의 범위는 제한적이었고 할 수 있는 능력 역시 거의 없었다. 하지만 이제 어른으로서 우리는 두려운 상황에도 자신 있게 대처할 수 있다. 중요한 것은 바로 이것이다.

용기를 길어 올릴 나만의 안식처가 필요하다

이 세상, 혹은 당신 마음속 어딘가에서 두려움과 동석할
안식처를 찾아보라.

─ 메릴린 시로여Marilyn Shroyer, 심리학자

두려움이 마음속으로 들이닥치자마자 바로 대처해야 하는 상황
이 있다. 그러나 당신만의 특별한 장소, 이를테면 그저 머물러 있
는 것만으로 편안하거나 영감을 주는 곳에서 두려움을 맞이할 수
도 있다. 당신에게는 두려움과 마주 보며 용기를 끌어올릴 힘을
주는 자기만의 장소가 있는가? 마음이 너무나 불안하고 길을 잃은
듯한 기분이 들 때, 이런 장소를 떠올리는 것만으로도 위안이 될
것이다. 어딘가 갈 만한 상황이 아니라면 당신 마음속에 그런 특
별한 공간을 마련하는 방법도 얼마든지 있다.

산이나 숲, 들판, 바다, 호수, 혹은 집근처 공원에서 마음의 평
온을 구해보는 것은 어떨까? 도서관이나 가까운 카페, 성당 같은
장소도 괜찮다. 지금 당장 누구의 방해를 받지 않고 있을 수 있는

곳이라곤 집 안 화장실밖에 없다면 그것도 괜찮다.

길을 잃었을 때 기억할 것들
:

나는 포트스트리트몰 거리에 있는 벤치에 앉아 있길 좋아한다. 호놀룰루 시내에 있는 이 넓은 거리에는 보행자만 오고 갈 수 있다. 지난주에도 여느 때처럼 벤치에 앉아 시간을 보냈다. 건너편 벤치에서는 한 무리의 직장인들이 시계를 흘끔거리며 점심을 먹고 있었다. 그 옆으로 한 여대생이 학교에 가는 길인지 부지런히 자신이 탄 휠체어를 운전했고, 노신사 두어 명이 빵부스러기 봉지를 들고 비둘기 떼에 둘러싸여 있었다. 수염이 덥수룩한 노숙자는 콜라가 반쯤 남은 종이컵을 쓰레기통에서 꺼내고 있었다.

다른 쪽에서는 안데스에서 왔다는 한 악단이 기부금을 요청하며 공연하는 중이었는데, 그중 한 사람이 자리에서 일어나 흥겨운 박자에 맞춰 훌라춤을 추기 시작했다. 구경하던 모든 이들이 박수를 쳤다. 나는 거리의 분위기에 온전히 녹아들었다. 어찌된 이유인지 내 눈앞에 있는 사람들 모두가 나와 마찬가지로 용기를 필요로 하고 있다는 느낌이 들었다. 그런 생각을 하는 사이 내 안의 걱정이나 두려움이 서서히 잦아들어가면서 전보다 견딜 만해졌다.

메릴린은 기회만 생기면 며칠이든 몇 주든 시간을 내어 작고 노란 오두막으로 떠난다. 이 오두막은 오리건 주 작은 도시의 해변에 있다. 그녀는 해변에 앉아 있노라면 두려움에 맞설 용기가 절로 솟아나는 것만 같다고 말하곤 한다. "파도 소리를 듣는 것만으로도 안심이 돼요. 드넓은 바다를 바라보면 내 걱정 따위는 하찮게 느껴지죠. 덕분에 근심의 크기가 줄어드니 압박감도 줄어드는 것 같아요. 유치하게 보일지도 모르지만 때로는 걱정거리를 모래 사장 위에 써놓고 파도에 쓸려 지워지는 걸 지켜봐요."

만약 다른 어딘가로 떠나기가 어렵다면 당신 마음속으로 떠나보는 것은 어떨까? 아무도 모르는 나만의 공간을 만들어보는 것이다. 일단 긴장을 풀고 당신 마음에 텅 빈 새하얀 도화지를 떠올려보자. 그다음, 나만의 안식처를 구체적인 이미지로 떠올려 도화지 위에 그려보는 것이다. 이 연습에 참여했던 한 여성은 천장에 큰 유리창을 낸 새하얀 방을 떠올렸다. 방 안에 가구라고는 없었고 오로지 바닥에 깔린 폭신한 주황빛 카펫이 전부였다. 그녀는 두려움을 대면해야 하는 순간마다 이곳을 떠올렸다.

혹시나 마음속 비밀 공간이 지겨워진다 해도 괜찮다. 새로운 장소를 떠올리면 그만이다. 중요한 것은 두렵고 불안하고, 용기가 필요한 상황이 생길 때 당신에게 위안을 주는 장소 혹은 환경에 자기 자신을 맡기고 몰입하는 것이다. 단 몇 분 동안, 혹은 며칠 동안 나무처럼 그곳에 뿌리를 내리면 어떨까? 의자에 앉거나, 바닥에 눕거나, 산길을 따라 올라가거나, 두 눈을 감아보자. 필요한 순간마다, 할 수 있을 때마다 당신만의 안식처를 찾아가는 것이다.

진짜 어른이 되는 최종 관문

두려움과 함께 살며 두려워하지 않는 것, 이것이야말로
진짜 어른이 되는 최종 관문이다.

— 에드워드 윅스Edward Weeks, 작가

메릴린은 딸 미셸에게 몇 년 전 신장을 이식해주었다. 그런데
얼마 전 딸에게서 이상 징후가 보이기 시작했다. 메릴린이 간신히
숨기고 있던 딸의 건강에 대한 불안은 공포로 급변했다. 그녀는
어딘가로 뛰쳐나가고 싶은 심정이었다. 자살은 꿈도 꾼 적이 없지
만 난생처음 이런 삶에서 벗어나고 싶은 기분이 들었다. 미셸에게
또다시 신장을 줄 수 있는 것도 아니라는 생각이 들자 그 무력감
과 긴장감을 견디기가 어려웠다.

다행히 유능한 의료팀의 도움을 받아 이상 징후는 가라앉았고
미셸은 건강을 되찾았다. 딸을 잃을 뻔했던 경험을 떠올리며 메릴
린은 이렇게 말했다. "신 또한 내 딸을 사랑하고 아낀다는 사실을
깨달았어요. 아주 힘들었지만 제 믿음을 확신했고 '당신 뜻대로 하

소서'라고 말할 수 있게 되었죠. 이런 믿음이 두려움을 가라앉히고 평온을 되찾는 데 도움이 되었어요."

메릴린이 경험했던 것처럼 두려움은 재발하고 또 재발하며, 특정 상황이 지속되는 한 완전히 사라지지 않는다. 가령 이혼한 배우자가 당신을 쫓아다니며 괴롭히는데 막을 방법이 마땅치 않을 때, 응급구조대에서 일하면서 위험한 상황에 노출될 때마다 두려움은 또다시 찾아올 수 있다. 연금이 보장되고 보수가 넉넉한 직업을 과감히 포기하고 새로운 사업에 뛰어들 때 두려움이 불쑥 고개를 들 수도 있을 것이다.

두려움과 함께 사는 세 가지 방법

이런 상황에서 우리가 할 일은 두려움을 영영 없애버리는 것이 아니라 함께 살아가는 방법을 터득하는 것이다. 두려움이 다가오더라도 꿋꿋하게 중심을 지켜야 한다. 상황에 휘둘리는 순간, 두려움은 최악의 룸메이트가 되어 당신의 몸과 마음, 영혼 곳곳을 돌아다니며 난장판으로 만들어버리기 일쑤다. 지금부터 이야기하는 세 가지 방법은 두려움과 함께 사는 데 도움이 될 것이다.

● 현재 상황을 정확히 인지하라

당신이 처한 상황의 심각성과 두려움의 정도를 정확히 인지하라. 스스로에게 이렇게 말하라. '내 마음속 두려움은 자연스러운 것이다. 물론 나는 두렵다. 그러나 바보나 멍청이가 아닌 이상 어떻게 두렵지 않을 수 있을까?'

● 두려움에게 당신의 규칙을 제시하라

두려움에 당당히 맞서라. 동시에 두려움을 향해 당신의 규칙을 제시하라. 예컨대 이렇게 말하는 것이다. "난 널 없애버리고 싶어. 쉽진 않겠지만, 난 네가 날 함부로 대하지 못하게 하겠어. 무엇보다 넌 내 인생을 완전히 망쳐버리거나 내 삶의 즐거움을 앗아버릴 수 없어. 네가 그러려고 할 때마다 내가 막을 거야."

● 주변에 도움을 청하라

당신이 얼마나 성숙하고 훌륭한 일을 하든, 살아가는 동안 두려움이 공포로 돌변하는 때가 있을 것이다. 그럴 때는 당신 자신을 너그럽게 대하며 주변에서 어떤 도움을 받을 수 있을지 알아보라. 딸이 아팠을 때 메릴린은 주변 친구들에게 기도해달라고 부탁했다. 또한 공포를 느끼는 스스로를 꾸짖느라 시간을 낭비하는 대신 틈 날 때마다 딸의 곁으로 달려갔다.

기억하자. 두려움을 집 밖으로 완전히 내쫓아버릴 수는 없다. 그러나 당신의 일상생활을 방해하지 못하도록 작은 지하실에 가 둬놓을 수는 있다.

일주일 동안 용감해지는 습관

오, 주님, 당신은 우리에게 모든 것을 주셨습니다. 다만 노력을 대가로 말이지요.

— 레오나르도 다 빈치Leonardo da Vinci, 예술가이자 과학자

앞서 이야기했던 용기의 필수 조건은 노력이다. 죽기 살기로 서두르거나 어쩌다 생각날 때 설렁설렁 해보라는 이야기는 아니다. 침착하고 여유로운 마음으로 매일 시간을 정해놓고 일상적으로 노력해야 한다. 다음 일주일 동안 용기를 내는 습관을 키워보자. 각 요일마다 실천할 만한 방법들을 소개해보기로 하자.

필수 조건은 일상적인 노력

일요일: 당신이 두려워하는 일 세 가지를 해보자. 게으름, 미루는 습관, 우유부단함 역시 두려움의 또 다른 이름이다. 우리는 혹

여 실수할까 봐, 다른 이들보다 뒤처질까 봐 두려워한다. 새로운 뭔가를 시도하는 것 역시 마찬가지이다. 바보 같아 보일까 봐 무서운 것이다. 이럴 때는 결과에 대한 걱정은 그만두고 오로지 행동에만 집중하자. 머뭇거리다 사과하지 못했던 이에게 편지도 써보고, 어지러진 책상 서랍도 정리하자. 문화 센터에서 강의를 찾아 들어보는 것은 어떨까?

월요일: 아기처럼 호흡하는 법을 배워보자. 바닥에 드러누워서 한 손을 배 위에 올려둔다. 숨을 들이마실 때 배가 위로 솟아오르면서 손이 따라 올라가고, 숨을 내쉴 때는 내려가는 것이 느껴지는가? 아기들은 바로 이렇게 호흡한다. 적지 않은 사람들에게 긴장과 두려움 때문에 몸이 경직되면서 숨을 얕게 쉬거나 멈추는 습관이 있다. 아기처럼 호흡하는 것이 점차 몸에 자연스러워지도록 익혀라. 우리 몸의 긴장이 풀리고 숨쉬기도 편안해지면 용기를 내는 일도 훨씬 쉬워진다.

화요일: 용기를 불러일으키는 인용문을 찾아 냉장고 문에 붙여놓거나, 스크랩을 해두거나, 컴퓨터에 저장해두자. 인용문을 읊고 이어서 자기 생각을 녹음해두는 것도 좋다. 이 책을 쓰는 내내 나 역시 보석 같은 문장들을 많이 발견했다. 작가 가브리엘 리코

Gabriele Rico 의 "'할 수 없다'라는 말은 '하지 않겠다'와 동의어이다"
라는 인용구도 그중 하나이다.

수요일: 두려움에서 완전히 벗어나려는 시도를 멈추자. 그 어떤
책도, 워크숍도, 연설도 우리의 두려움을 완벽히 없앨 수는 없다.
살다 보면 두려움과 함께 살아야 하는 때도 있다. 현실적인 문제
때문에 생겨나는 두려움도 있기 때문이다. 가령 이제 열네 살 된
딸이 집을 나갔는데 두려워하지 않을 수 없다. 이제 막 독립한 청
년 역시 두려움이 없을 수 없다. 두려움과 대면할 때 필요한 것은
스스로 나는 용기 있는 사람이라는 사실을 기억해야 한다는 것뿐
이다.

목요일: 심리치료사 리처드 프랭크 Richard Frank 가 고안한 방법을
시도해볼 차례다. 만약 내게 무한한 용기가 있다면 어떨지, 반대
로 내게 용기가 눈곱만큼도 없다면 어떨지 상상해보는 것이다. 두
가지 질문에 가능한 한 다양하게 답을 떠올려보고 종이에 써보자.
첫 번째 질문에 대한 답을 통해서 당신은 자신이 무엇을 두려워하
는지 알아내고, 이를 극복하기 위해 더욱 노력하겠다고 마음먹을
수 있다. 두 번째 질문에 답하다 보면 피식 웃음이 날지도 모른다.
자신이 쓴 것을 보고 내가 이렇게까지 겁쟁이는 아니라고 생각할

수도 있다.

금요일: 용기를 나타내는 당신만의 상징을 찾아보자. 용기를 내고 싶을 때, 긴장을 풀고 싶을 때 입는 옷이나 액세서리 혹은 지니고 다니는 징표가 있는가? 오래된 셔츠나 야구모자? 할머니가 떠주신 목도리? 나의 경우는 목걸이다. 아들이 어렸을 때 내게 거북이 모양 펜던트가 달린 목걸이를 선물해주었는데, 이것을 걸고 있으면 어쩐지 더 용감해지는 기분이 든다. 그 후부터 나는 느려도 여유로운 거북이처럼 용감해지고 싶은 마음에 거북이 모양 액세서리를 모으는 취미가 생겼다.

토요일: 이날 하루는 다른 이들을 격려해주는 날로 보내자. 가령 누군가에게 웃음이 나는 만화나 기운을 북돋아줄 인용문을 보내는 것이다. 이웃집 아이를 대신 돌봐줄 수도 있고, 집안일을 돕는 것도 좋다. 자기 혼자만 힘든 일을 겪고 있다고 생각하는 이에게 당신의 경험을 들려주는 것은 어떨까? 다른 이의 이야기에도 고요한 마음으로 귀 기울여주자. 굳이 조언을 할 필요는 없다. 그저 들어주는 것만으로도 충분하다.

두려움으로부터 완벽하게 자유로울 수는 없다

두려움을 기꺼이 경험하겠다는 마음만으로도 용기가 생
겨난다.
　　　　　　 − 스티븐 러빈Stephen Levine, 정신과 의사

　　나탈리와 피터는 이혼을 계기로 12년간 이어진 배우자 관계뿐
만 아니라 동업자 관계까지 끊었다. 두 사람이 운영했던 회계사무
소의 가장 큰 매력은 고객들이 나탈리와 피터 모두를 신뢰한다는
점이었다. 이 때문에 피터와 갈라서며 나탈리는 기존 고객을 경쟁
업체들한테 빼앗길까 봐 두려워했다. "완전히 바닥부터 다시 시작
해야 해요. 이혼 때문에 마음의 상처도 컸는데……. 가장 믿던 동
반자뿐만 아니라 생계 수단까지 잃어버린 셈이에요. 전 평생 동안
혼자 힘으로 해내는 걸 두려워했어요. 감정적으로든 경제적으로
든 제가 과연 버텨낼 수 있을지 모르겠어요."

　　새로이 사업을 준비하는 동안 나탈리는 눈에 띄게 여위어갔다.
주변에서 행여 그녀가 병에 걸린 것은 아닐까 걱정할 정도였다.

몇 달 동안 나탈리는 억지로 침대에서 일어나 무거운 몸을 이끌고 사무실로 향하는 일을 반복했다. 불면에 시달리다 간신히 잠에 드는 밤이면 어김없이 노숙자가 되어 쓰레기통을 뒤지고 공원 벤치에서 잠드는 악몽을 꾸었다.

다시 몇 달의 시간이 지났고, 마침내 그녀의 삶은 새로운 활력을 얻었다. 기존 고객들이 돌아온 데다 신규 고객까지 생겼다. 점점 자신감이 생겼고 이제는 어떤 일이 닥치든 살아남을 수 있다는 생각을 가지게 되었다. 조금씩 삶의 기쁨을 되찾았다. 그녀는 눈앞의 일을 극복해나가면서 두려움이 서서히 사라졌다고 말했다. 평생 두려워했던 일을 겪고도 잘 살아남았으니, 이제는 어떤 일이 닥치든 두렵지 않을 것 같다며 마음을 다잡았다.

누구나 마찬가지다. 너무나 두려웠던 일을 용감하게 헤쳐 나가면 그다음부터 고원 지대 같은 평탄한 마음 상태에 도달한다. 두려움의 한계로부터 벗어난 특별한 차원에 이르는 것이다. 이쯤 되면 두려움은 인생 초보들에게나 해당하는 것이지, 나 같은 백전노장에게는 해당사항이 아니라고 여기게 된다.

하지만 나탈리는 또다시 실망과 충격을 맛봐야 했다. 이전에 뜨거운 불 속을 당당하게 뚫고 지나갔다고 해서 두려움에 완벽하게 내성이 생긴 것은 아니라는 사실도 깨달았다. 예전의 경험을 통해 생각지도 못했던 용기를 얻은 것은 사실이지만, 머지않아 두려움과 불안이 되살아났다. 다시 찾아온 두려움과 불안은 매번 다른 모습으로 얼굴을 바꿨다. 사업이 확장되면서 나탈리는 동업자를 구했지만, '동업자와 잘 지낼 수 있을까?' 하는 새로운 걱정이 생겼다. 시간이 지나면서 새로운 남자를 만났고 사랑에 빠졌다. 또다시 걱정이 생겼다. '내가 전처럼 누군가를 믿을 수 있을까?' 근심과 걱정은 끝이 없었다. 나탈리는 그제야 알 것 같았다. 우리가 살아가는 한 두려움으로부터 완벽하게 자유로울 수 없다는 것을…….

만약 'x'라는 수치만큼 용기를 얻은 시점부터 같은 양의 두려움을 면제받을 수 있다면 인생을 살기가 훨씬 수월할 것이다. 그러나 현실에서 그런 일은 절대 일어나지 않는다. 다만 한 가지 다행스러운 사실이 있다. 연습을 하면 할수록 두려움을 대하기가 훨씬 쉬워진다는 것이다. 그러므로 두려움을 피하려 쓸데없이 귀한 에너지를 낭비하는 대신, 마주 보는 방법을 배워야 한다. 이로써 좀 더 객관적으로 두려움을 느끼며, 좀 더 빨리 상황을 극복할 용기를 얻을 수 있다. 힘든 상황에 안주하지 않고 자신감 있게 헤쳐나갈 방법을 터득하게 되기 때문이다.

두려움을 뿌리째 제거하는 것은 불가능하다. 두려움이 닥치면 닥치는 대로 겪는 수밖에 없다. 이 사실을 인정하면 놀랍게도 두려움에 맞설 용기가 자연스레 솟아난다. 두려움을 피하지 않고 느끼는 것, 용기의 핵심은 바로 여기에 있다.

감히 용기를 낼 엄두가 나지 않을 때는
어떻게 할까?

삶은 평화의 대가로 용기를 요구한다.
- 아멜리아 에어하트Amelia Earhart Putnam,
대서양을 횡단한 최초의 여성 비행사

"결혼 생활을 유지하기가 너무 힘들어요. 몸도 마음도 지쳤고, 계속할 용기도 나지 않아요." 이혼을 앞두고 제임스는 경제적으로 위기에 놓였다. 더구나 결과를 보장할 수 없는 큰 수술을 앞두고 있었다. 삶에서 위기가 닥쳐오는 순간 누구나 제임스와 같은 생각을 한다. 단지 그처럼 입 밖으로 말하지 않을 뿐이다.

뼛속까지 두려운 상황이 닥칠 때는 감히 용기를 낼 엄두가 나지 않는다. 극도로 심각한 상황에서 용기는 사치스러운 선택일 수도 있다. 물론 지옥 같은 상황을 극복해낸 용감한 사람들의 이야기를 들으면 우리도 꼭 그렇게 할 수 있을 것 같은 생각이 든다. 때로는 큰 감동을 받아 눈물을 흘리기도 한다. 하지만 자신이 용기를 내야 하는 상황이라면 다르다. 용감한 자신의 모습은 온데간데없이 무작정 도망치기 바쁘다. 그러나 힘든 시기가 닥칠 때 평화를 얻기 위한 조건은 달라지지 않는다. 바로 용기이다. 삶은 당신이 엄두도 못 내는 그것을 엄정하게 요구한다. 용기courage라는 말은 프랑스어로 '심장' 혹은 '마음'을 뜻하는 coeur로부터 생겨났다. 말하자면 용기야말로 심장처럼 우리 생존의 가장 중심부에 있는 것이다.

계속해서 올라갈 것인가, 말 것인가

우리가 겁 많고 소심한 탓에 용기를 내지 못하는 것은 아니다. 그보다는 용기를 내겠다고 마음먹지 못하기 때문이다. 용기를 내려면 실로 엄청난 노동에 준하는 노력이 필요하다. 그런데 용기는 우리가 준비가 됐든 안 됐든 두려움 앞으로 바짝 몰아간다. 너무 걱정하지 말라고, 무슨 일이든 잘 해결될 것이라고, 괜찮을 테니 자기를 믿으라고 어르고 달랜다. 어디 그뿐인가. 혼자 외톨이처럼 있지 말고 다른 사람을 만나 도움을 받으라며 자꾸 옆구리를 찌른다. 기운을 되찾을 때까지 한시도 가만있지 않고 말을 건다.

한 달치 용기를 한꺼번에 살 수 있다면 얼마나 좋을까? 안타깝게도 용기를 얻으려면 노력이라는 값을 치르고 하루치 입장권을 살 수 있을 뿐이다. 그 와중에 지레 겁을 먹고 기가 죽을지도 모른다. 어쩔 수 없다. 우리에게는 선택권이 많지 않다. 어영부영하며 결정하지 못하거나 '난 도저히 안 되겠어' 하며 포기해버릴 수 있고, 힘들더라도 용기를 얻기 위해 온힘을 다해 노력할 수도 있다.

단번에 용기라는 정상으로 데려다주는 엘리베이터는 없다. 용기를 얻고 싶다면 자기 발로 걸어 올라가야 한다. 혹시 지금 당장이라도 그만두고 싶은가? 그렇다면 당신이 아는 용감한 사람을 세 명 정도 떠올려보자. 친할아버지도 좋고, 친구나 알코올 중독자 모임에서 만났던 사람도 좋다. 그들이 무엇을 어떻게 이겨냈는지 기억해보자. 그들에게 직접 연락해 당시 이야기를 들려달라고 해도 좋다. 무기력해질 때 다른 이들의 사례를 떠올리는 것만으로 기운이 나고 앞으로 어떻게 하면 좋을지 힌트를 얻을 수 있다.

용기는 두려움에서 비롯된다. 두려움을 용기로 바꾸기 위해 우리는 매일 혹은 매 순간 계속해서 올라갈지 말지 결정해야 한다. 분명한 것은 바로 다음 걸음을 내딛기로 결정하는 순간, 우리는 삶을 있는 그대로 끌어안으며 그 무엇도 방해하지 못하는 평화를 맛볼 수 있다는 사실이다.

불가능한 일처럼 들리는가. 그러나 우리는 얼마든지 할 수 있다. 아니, 해야만 한다. 그렇게 하루하루, 10년을 살다 보면 지금의 당신처럼 힘들어하는 누군가에게 한 걸음 더 올라갈 힘을 나눠줄 수 있을 것이다.

한 달치 용기를 한꺼번에 살 수 있다면 얼마나 좋을까?
안타깝게도 용기를 얻으려면 노력이라는 값을 치르고
하루치 입장권을 살 수 있을 뿐이다.

절반만 가도 끝까지 간 것과 다름없다

> 설령 에이즈가 내 몸을 장악할지 몰라도 내 영혼은 지배
> 할 수 없습니다. — 첼시Chelsie

벤은 시애틀에 있는 베일리 부셰이 하우스에서 치료 중이다. 이 곳은 에이즈에 걸린 이들을 위한 치료 요양 시설이다. 벤은 병중 에도 치열하고 뚜렷하게 자신의 생각을 내게 전했다. 이 청년이 진심을 다해 들려준 이야기를 당신과도 나누고 싶다. "우리는 모 두 동포인 셈입니다. 앞사람이 먼저 경험하고 다른 이를 도와줄 수 있습니다. 마찬가지로 우리는 다른 이들이 어떻게 두려움과 마 주했는지 듣고 배울 수 있습니다."

벤은 자신이 용기를 잃지 않기 위해 실천하는 습관을 내게 알려 주었다. 말하자면 이런 것이다. 그는 일주일에 한 번씩 밤에 맨발 로 숲속을 거닌다고 한다. 그 역시도 숲으로 들어가기 전에는 당 연히 두렵다고 한다. 저 앞으로 보이는 것이라곤 시꺼먼 어둠밖에

없으니 숲에서 무엇이 나타날지 알 도리가 없기 때문이다. 그러나 일단 숲으로 들어서면 눈이 점차 어둠에 익숙해지면서 그림자를 드리운 나무들이 보인다고 한다. 그리고 한 걸음씩 나아가면서 숲 속에 무서워할 것이 없다는 사실을 깨닫게 되고, 그에 따라 두려움도 점차 사라진다는 것이다.

밤에 숲을 산책하는 습관을 반복하면서 벤은 자기 마음속의 두려움을 향해 한 걸음씩 내딛을 수 있었다. "그 두려움이 어디에 뿌리를 내렸는지 잘 살펴보아야 합니다. 두려움과 함께 숨을 쉬어야 하지요. 두려움을 완전히 파악하지 않으면 끝까지 사라지지 않을 겁니다."

두려움이 지나간 자리

:

중국 속담 중에는 이런 것이 있다. '어두운 숲속을 절반만 갈 수 있으면 끝까지 간 것이나 다를 바 없다.' 벤의 이야기를 듣는 동안 결국 우리는 모두 그와 다르지 않다는 생각이 들었다. 우리는 살아 있는 동안 계속해서 어두운 두려움 속을 걸어 들어가야 하고, 맨발로 차가운 땅을 내디뎌야 한다. 또한 어둠 속에 그림자를 드리운 두려움을 지켜보고 결국 그것이 기쁨, 행복과 마찬가지로 우리 일부임을 인정해야 한다.

얼마 후 나는 메일로 프랭크 허버트Frank Herbert의 과학 소설《듄Dune》속 한 구절을 벤에게 보냈다. "두려움은 마음을 죽인다. 우리 마음을 조금씩 죽여 끝내 통째로 소멸시켜버린다. 나는 나의 두려움과 마주할 것이다. 두려움으로 하여금 나를 밟고, 나를 관통하고 지나가도록 내버려둘 것이다. 그리고 두려움이 사라지고 나면 내면의 눈으로 그것이 지나간 길을 돌아볼 것이다. 두려움이 지나간 자리에는 아무것도 없으리라. 오로지 나 혼자 남아 있을 뿐."

벤은 이렇게 회신했다. "선생님, 저는 죽음이 지긋지긋합니다. 매주 제가 알았던 이들, 혹은 근처 병실 환자가 하나둘 세상을 떠납니다. 바로 에이즈, 에이즈, 에이즈 때문이죠! 언제쯤이나 치료법이 발견될까요? 갈수록 제가 잃어버린 것보다 갖고 있는 것에 더 감사하게 됩니다. 대부분의 시간을 침대에 누워 지내면서, 일상의 소리에 더욱더 귀를 기울입니다."

1993년 가을, 벤은 세상을 떠났다. 에이즈가 그의 몸을 빼앗아버렸지만 그는 용기를 잃지 않았고 끝까지 자신의 영혼을 지켰다. 그는 떠나기 전 마지막으로 우리에게 어둡고 끔찍한 두려움 속을 걸어가는 방법을 알려주었다. 우리는 이제 밖에서 보기에는 그저 어둡고 막막하지만, 일단 한 걸음 내디뎌보면 그 안에 존재하는 것들이 두 눈에 보인다는 사실, 그리고 그것들이 생각보다 두렵지 않다는 사실을 알게 되었다.

그리고 삶은 계속된다

네가 가는 길에 무서운 골짜기도 많을 거야. 두 팔이 저리고 두 발이 흠뻑 젖을지라도 꼭대기까지 힘을 내어 올라가보렴.   — 닥터 수스Dr. Seuss,
《앞으로 네가 갈 수많은 곳들Oh, the Places You Will Go》 중에서

나는 마음을 가다듬고 험난한 골짜기에 오를 준비를 하려 한다. 과거에도 몇 번 이런 골짜기를 오른 적이 있다. 가파른 절벽을 오르는 동안 두 팔은 점점 아파오고 두 다리가 후들거려 두려웠던 기억이 난다. 나는 어느새 어느 건전지 광고에서 등장했던 무적 토끼처럼 내가 계속해서 나아갈 수 있을까, 지치지 않고 깨달음과 에너지를 얻을 수 있을까 의심하고 또 의심한다. 실제로 두려움이 스멀스멀 차오르는 상황은 무척이나 복잡하고 끈질기기 마련이다.

잠시 다음과 같은 여러 상황을 떠올려보자. 회사에서 당신에 대해 안 좋은 소문을 퍼뜨리는 동료와 대면해 사과를 받아냈다. 당신은 지금 자존감과 진실성을 지키면서 이혼 절차를 밟았다. 당신은 전혀 긴장하지 않고 20분간의 발표를 마쳤다. 당신은 불임 상

담을 받으려고 망설임 없이 산부인과에 예약했다.

정말 굉장하지 않은가? 이런 상황이라면 당신 스스로도 뿌듯할 것이다. 당연히 그럴 만하다. 후련한 마음으로 당신 자신 혹은 친구에게 "뭐 그 정도쯤이야!" 하고 말할지도 모른다. 그러나 안타깝게도 현실은 한 번의 해피엔드로 마무리되는 법이 없다. 삶은 계속되기 때문이다. 미안하다며 눈물로 사과했던 동료가 그다음 주에 또 당신을 두고 거짓말을 한다. 이혼 후에도 전남편이 밤마다 전화를 걸며 괴롭힌다. 교수님이 또 다른 발표 과제를 내주었는데 이번에는 10분이나 더 긴 데다 발표 내용을 반드시 암기해야 한다. 인공 수정을 시작한 지 반년이나 지났는데도 도통 임신이 되지 않는다…….

괜찮다고 말하면 달라지는 것들

인생이라는 여정에는 용기가 필요하다

삶이 내내 소풍 같지만은 않다. 시원한 시냇가에 해먹을 걸어두고 쉬엄쉬엄 가면 얼마나 좋을까? 험난한 골짜기에 오르는 고단한 여정을 편하게 즐기며 갈 수 있다면 또 얼마나 좋을까? 그러나 현실은 그리 녹록치 않다는 사실을 깨닫는 사이 마음속에 있던 용기의 불꽃은 우울과 절망감으로 수그러들 수도 있다.

이 와중에 체력을 유지하는 일도 문제지만, 절대 같은 여정이 되풀이되는 법은 없다는 삶의 진실이 더 큰 문제이다. 과거의 방법을 다시 써먹을 수도 없고, 정해진 공식이 있는 것도 아니니 의지할 데라곤 좀처럼 찾을 수 없다. 게다가 막상 상황이 닥치기 전까지는 뭘 어떻게 해야 할지도 알 수 없다. 지난번에는 효과적이었던 방법이 이번 여정에서는 전혀 소용없을지도 모른다.

그러나 그렇기 때문에 더더욱 지치지 않고 새로운 여정을 떠날 용기가 필요하다. 그래야만 매번 여정을 떠날 때마다 두려움에 대처할 색다른 방법을 터득할 수 있기 때문이다. 물론 두 팔, 두 다리 모두 고통스러울 것이라는 사실을 알기에 용기를 내기가 쉽지는 않다. 그러나 반드시 내야만 한다.

일단 여정을 떠나기 전에 기운부터 회복하자. 틈틈이 낮잠을 자거나 영화를 보면서 머릿속을 비우자. 명상이나 기도도 도움이 된다. 울고 소리 지르면서 답답한 기분을 풀어보는 것? 나쁘지 않다. 가까운 친구에게 당신 이야기를 들어달라 부탁하는 것도 괜찮다. 그다음에는 지금 당신에게 닥쳐온 일이 무엇인지 살펴보자. 현재 여정에서 당신 앞에 나타난 난관을 신중하게 들여다보고, 최선을 다해 대처하는 것이다. 당신 혼자만 두 팔이 아프고 두 다리가 후들거리는 유일한 사람이 아니라는 사실을 알면 조금이나마 위로가 될지도 모르겠다. 그렇다. 우리는 모두 같은 여정을 걷고 있다.

3부

•

나를 변화시키기

괜찮다고 말하면 달라지는 것들

두려움같이 달갑지 않은 감정 또한 모든 인간이 갖는 본질 중 하나다. 우리에게는 하루도 빠짐없이 두려움에서 배움을 얻을 기회가 찾아온다. 그 기회를 받아들이는 사람은 전보다 더욱 단단하고 강인해진다. 사람에게는 날개가 없지만 굳은살 박인 두 손과 튼튼한 다리가 있다. 기꺼이 세상으로 나와 하루를 시작하며, 온갖 걱정과 불안을 건너뛰고 언제든지 감사와 경이를 누릴 수 있다. 우리 주변에 일어나는 일들을 지켜보고, 자기 내면에서 어떤 감정이 솟아나는지 느끼며, 최선을 다해 그 감정에 응답할 수 있다.

이해하기 어려울지도 모른다. 그러나 이처럼 두려움을 외면하지 않고 정면 대응하는 연습을 할수록 두려움이 전과 달리 보이게 될 것이다. 매일 두려움과 마주하고 느끼는 과정을 거치며 아주 작은 노력이라도 기울여 이를 뛰어넘는 사이, 두려움은 조금씩 모습을 바꾸기 시작한다. 마지못해 이를 받아들이는 순간부터 두려움은 우리가 놀랄 정도로 변화한다. 만족과 용기, 열정, 사랑, 신뢰 혹은 침착함과 같은 감정으로 그 얼굴을 바꾸는 것이다.

이런 변화가 정말 가능할까 의심하는 것은 당연하다. 억지로 해보라고 강요해서도 안 될 일이다. 그러나 포기하지 않고 두려움을 똑바로 마주 대한다면 두 가지 기적 가운데 하나가 일어날 것이다. 두려움과 함께 사는 은총을 누리거나, 혹은 두려움이 새로운 무언가로 바뀌는 모습을 목격하는 기적! 어떤 기적이 일어나든 기억하라. 마음속 용기를 키우고 진실함을 갖춘 사람은 바로 당신이라는 사실, 이 모든 기적이 매 순간 두려움을 피하지 않은 당신 덕분이라는 사실을…….

용기는 이미 내 안에 있다

> 잠에 들기 전 나는 내 몸이 용기로 가득 차 있는 모습을 상상한다. "주님, 이 두려움을 거두소서"라며 애원하거나 불평하는 대신 "나에게는 용기가 있다"라고 단언해야 한다는 사실을 깨달았기 때문이다. 이제 나는 잠들어 있는 내 몸 안으로 용기가 퍼져 들어와 마음속 두려움을 모조리 불태우고 새로운 생명력을 채우는 모습을 떠올린다.
>
> — 캐서린 쿡슨, 작가

밖에는 차가운 빗줄기가 억수같이 쏟아지고 있는데 하필 우산이 보이지 않는다. 여기저기 샅샅이 뒤져봐도 도무지 찾을 수가 없다. 서서히 마음이 불안해진다. 그러다 불현듯 현실을 깨닫는다. 애초에 우산은 없어지지 않았다. 당신 손목에 무사히 걸려 있기 때문이다. 빗속에서 온몸이 흠뻑 젖은 채 추위에 떠는 모습에 사로잡혀 어이없게도 그 존재를 잊어버렸던 것이다. 이제 우산을 펼치고 빗속으로 가뿐히 나아갈 수 있다.

용기는 이 우산과 같다. 이미 당신 것이고 언제든 그것을 써서 인생의 비바람을 헤치고 나아갈 수 있다. 내게 있다는 사실만 알면 된다. 용기가 필요할 때는 그저 "나에게는 용기가 있다!"라고 말하는 것으로 충분하다. 두려운 상황에서 이런 말을 하다니, 터무늬없는 소리라고? 아니다. 입 밖으로 나오는 순간 말은 현실이 된다. 너무나 긴장되고 확신이 없는 상황에서도 이 말은 당신의 용기에 현실성을 부여한다. 행여 두려움이 이미 당신 마음속의 대부분을 차지해버렸을지라도 용기는 당신이 자신의 이름을 불러주길 한구석에서 기다리고 있다.

당당하고 용감하게 말하라

물론 쉽지 않은 일이다. 그러나 이 말이 주는 힘은 무엇과도 견줄 수 없다. 《존재의 용기 The Courage to Be》라는 책에서 신학자 폴 틸리히 Paul Tillich는 이렇게 말했다. "욕망과 불안에도 불구하고 자신의 존재를 확언하는 순간, 진정한 기쁨이 생겨난다." 우리가 우리의 존재를 확언하는 동시에 마음을 열고 성장하며 나아가면, 용기가 두려움의 자리를 차지한다. 동시에 의사결정 과정에서도 기쁨과 평온을 느낄 수 있다. 말하자면 자신에게 이렇게 이야기할 수 있게 되는 것이다. '경제적으로 괜찮을지는 알 수 없어. 하지만 사표를 내길 잘했다고 생각해. 그렇게 형편없는 제품을 판매하다니, 양심의 가책이 너무나 컸어.'

가능한 한 자주 "나에게는 용기가 있다!"라는 말을 해보자. 그리고 잠들기 전, 앞서 캐서린 쿡슨이 이야기했던 방식대로 상상해보자. 당신의 몸으로 용기가 들어와 마음속 두려움을 불태워버리는 모습을 그리는 것이다. 그런 다음 천천히 호흡을 내쉬면서, 상상이긴 하지만 정말로 마음이 텅 비었다고 생각해보자. 두려움이라는 잡동사니를 치워버리면 개운한 마음으로 잠들 준비를 할 수 있다.

　말로써 용기를 확인한다 한들 뿌리 깊이 박혀 있는 두려움을 하룻밤 새 완전히 지워버릴 수는 없을 것이다. 그러나 이런 연습을 거듭하다 보면 점차 두려움을 두려워하지 않게 되고 닥쳐오는 두려움을 무조건 피하지 않는 배짱이 생긴다. 용기를 달라고 애원할 필요 따위 없다. 용기는 이미 당신 것이니까. 당당하게, 용감하게 용기는 내 것이라고 몇 번이든 힘주어 말하면 된다.

사소한 한 가지 이유가 삶을 이끈다

자네는 반드시 계속해서 가야 하네, 나는 갈 수 없어, 나
는 돌아갈 것이라네.　－사무엘 베케트Samuel Beckett, 작가

마음속으로 위와 같이 중얼거려본 적 있는가. 5년 전, 혹은 5분
전에 그랬을지도 모를 일이다. 두려움에 사로잡힌 사람은 계속 앞
으로 나아가지 못하고 어떻게든 도망칠 방법을 고민한다. 멀어지
면 포기한다고 비난받을 일도 없을 테니까.

1993년 2월 26일, 애나 메리는 삶이 예고 없이 우리를 시험한다
는 교훈을 몸소 체험했다. 유치원 교사인 그녀가 아이들을 데리고
맨해튼 세계무역센터로 견학을 간 날, 예기치 않은 폭탄 테러가
일어났다. 다섯 시간 동안 그녀는 아이들과 13층에서 멈춰선 엘
리베이터 안에 갇혀 있었다. 좁은 엘리베이터 안은 어두웠고 온통
매캐한 연기가 자욱했다.

애나 메리는 밀실 공포증이 있는 데다 어둠을 두려워했다. 그

순간에도 역시 서서히 숨이 가빠지며 당장이라도 공황 상태에 빠질 것만 같았다. 그러나 그녀는 단숨에 두려움을 떨쳐버렸다. 무조건 아이들을 지켜야 한다는 생각 때문이었다. 이후 어느 인터뷰에서 애나 메리는 자기 자신이나 가족들에 대한 걱정을 할 틈조차 없었노라고 이야기했다.

애나 메리처럼 끔찍한 상황에 처했을 때, 어떤 난관을 이겨내고 싶지만 자신이 없을 때, 혹은 아침저녁으로 말썽이 끊이지 않아 심신이 지칠 때, 우리는 어떻게 하면 좋을까? 이런 경우에는 비록 힘들더라도 포기하지 않았을 때 내가 얻을 수 있는 긍정적인 보상이 무엇인가를 찾아내길 권한다. 남 보기에는 별 볼 일 없을 만큼 사소한 것이라 해도 괜찮다.

일상에서 발견한 사소한 즐거움

아침마다 눈 뜨기가 두려운 주부가 있었다. 유방암 때문에 가슴을 절제했고 앞으로 몇 달간 항암치료를 받아야 하는 현실이 버거운 탓이었다. 그렇지만 그녀는 아침마다 두려움에 좌절하는 대신 새로운 습관을 가져보기로 했다. 느긋하게 앉아 차를 한잔 마시며 신문에 실린 네 컷 만화를 읽기로 한 것이다.

음주운전한 차에 치여 크게 다친 남자 역시 웃음으로 고통을 이겨냈다. 더글러스 애덤스Douglas Adams의 《은하수를 여행하는 히치하이커를 위한 안내서The Hitchhiker's Guide to the Galaxy》를 읽으면서 부상 후유증을 견뎌낸 덕분이다. 그는 책을 읽으면서 삶의 모순을 발견하고 웃음을 되찾을 수 있었다고 말했다.

다른 이를 도와주면서 도리어 도움을 얻을 수도 있다. 한 여성은 휴양지에 놀러갔다가 여섯 살짜리 아들이 물에 빠져 세상을 떠나는 참담한 사고를 겪었다. 이후 그녀는 시민 단체에서 사람들에게 물놀이 안전 규칙을 교육하는 일을 시작했는데, 이 일을 하며 크나큰 위로를 얻었다. 남편이 세상을 떠난 후 실의에 빠져 있던 할머니 역시 작은 계기로 삶의 활력을 되찾았다. 이제 막 대학을 졸업한 손자가 근처에 직장을 구해 함께 살기로 한 것이다. 손자는 약간의 생활비를 보태기로 했고, 대신 할머니는 손자가 지내는 동안 저녁식사를 챙겨주기로 했다.

항상 자신이 원하는 대로 상황을 바꾸거나 회피할 수는 없다. 내가 왜 이런 일을 겪어야 하는지 이유조차 모를 때도 있다. 하지만 내 안의 용기를 빼앗고 내 앞을 가로막는 것만 같은 두려움이라 할지라도 얼마든지 변화시킬 수 있다. 일상에서 사소한 즐거움을 발견하고 다른 이들에게 관심을 갖는다면 삶의 기쁨과 의미가 조금씩조금씩 되돌아올 것이다.

삶을 포기하고 싶은 이유를 꼽자면 수백 개가 넘을 수도 있다. 그러나 단 한 가지 이유만 있어도 충분히 다시 시작할 수 있다. 마음이 너무나 지치고 힘들어서 그 한 가지 이유조차 떠올릴 수 없다면, 낙관적이고 기운 넘치는 사람과 함께 브레인스토밍을 해보자. 〈인생은 아름다워Life is Beautiful〉 같은 감동적인 영화를 보면서 삶의 의욕을 얻는 것도 한 방법이다. 영화를 보든, 음악을 듣든 느긋함을 잃지 말자. 물론 시간이 필요하다. 하지만 일단 시작하기로 마음을 먹으면 전에는 보이지 않던 가능성들이 서서히 당신 눈앞에 나타날 것이다.

괜찮다고 말하면 달라지는 것들

변화가 시작되는 첫 번째 모퉁이

> 우리가 품는 감정의 원인과 성격을 이해하면 감정은 스스로 모습을 바꿀 것입니다.　　　　　　　－틱낫한, 승려

몇 년 전 메릴린은 세 번째 이혼을 했다. 그녀는 그제야 비로소 자신이 관계 중독이라는 사실을 깨달았다. 메릴린은 이 문제를 해결하기 위한 치료 모임에 다니는 중이다. 그곳에서는 12단계에 거쳐 치유 활동을 했다. 그런데 최근 시작한 네 번째 단계에서 그녀는 자신이 두려워하는 것들의 목록을 쭉 적어보면서 깜짝 놀라지 않을 수 없었다. 스스로 깊은 관계를 지속하지 못할까 봐 두려워한다는 사실을 발견한 것이다. 메릴린은 과거를 돌이켜보면서 이런 두려움의 원인과 성격을 서서히 이해하기 시작했다.

"어릴 때 동네 잡화점에 운세를 뽑는 자판기가 있었어요. 거기서 몇 번이나 운세를 보곤 했는데 그중에서 딱 하나만 기억에 남아요. '당신은 평생 아홉 번 결혼할 것이다'라는 운세였죠. 그걸 보

고 처음에 얼마나 충격을 받았는지 몰라요. 내가 우리 가족에게 수치스러운 존재가 될 거라는 생각이 들었거든요. 10대가 되면서 이런 생각은 더욱 강해졌어요. 어느 날은 남자친구한테 차이고 울고 있었는데 아버지가 말씀하셨어요. '남자란 버스와 같아. 앞차가 지나가고 나면 다음 차가 금방 올 거야.' 의도하신 건 아니었겠지만 아버지 말씀대로 전 금방금방 남자친구를 갈아치웠어요. 부모님과의 관계에서 생긴 문제들 때문에 마음이 허전한 것을 섣부르게도 연애로 보상받으려 했던 셈이죠. 그때는 남자친구를 만나는 게 마냥 짜릿하고 화려하게 느껴졌으니까요. 그런 경험들이 결국 관계 중독으로 이어진 것 같아요."

막연히 기적을 기다리는가

∴

어떤 중독이든 그것은 성장을 방해한다. 메릴린은 관계 중독에 빠지면서 관계를 성장시키는 법을 제대로 배우지 못했다. 상대의 약한 모습을 받아들이는 법을 터득하지 못한 것이다. 그러면서 자신의 부족함을 먼저 인정하고 그것에 정면으로 맞서는 능력도 위축되어버린 탓에 계속해서 짝을 바꿀 수밖에 없었다. '내게 딱 맞는 사람이 다음 버스로 나타날 거야' 하고 기대하면서 말이다.

메릴린은 앞으로도 수박 겉핥기식 관계에만 머무를까 봐 두려웠다. 관계를 깊이 키워나가면서 으레 겪기 마련인 고통을 자꾸 외면하면 어쩌나 싶어 걱정도 되었다. 하지만 두려움을 직접 대면하면서 그 뿌리를 더 뚜렷하게 이해하게 되었고, 관계에서 갈등이 생길 때 자신이 어떻게 문제를 회피하는지 비로소 알게 되었다.

두려움의 정체를 제대로 파악하게 되자 두려움이 그녀에게 미치는 영향력도 그만큼 줄어들었다. 이제 그녀는 두려움의 크기가 줄어들면서 그것이 서서히 새로운 관계를 시도하는 용기로 탈바꿈하리라 확신하고 있다. 그 용기 덕분에 아마도 그녀는 전보다 너그럽게 상대를 사랑하고 사랑받는 방법을 터득할 수 있을 것이다.

두려움의 원인과 성격을 이해하면, 두려움은 우리 마음의 족쇄에서 풀려나 엄청난 변화를 겪으면서 모습부터 기능까지 완전히 달라진다. 지금은 불가능한 일처럼 느껴지겠지만 전혀 그렇지 않다. 막연히 기적이 일어나길 기다리기보다 고되고 무섭더라도 애초에 우리 마음에 두려움이 자리 잡게 된 원인을 자세히 파헤쳐보자. 바로 그 순간부터 변화는 시작될 것이다. 혼자 힘으로 시작해도 좋고, 전문 심리치료사나 친구, 혹은 모임의 도움을 받아도 좋다. 노력하는 만큼 두려움을 날려버리는 방법을 분명히 발견할 수 있다.

분노하라, 체념하지 말고

> 이제 그는 번개를 노려보며 굴복시킬 것입니다. 분노는 두려움에게 겁을 주어 꼼짝도 못하게 하지요.
>
> — 셰익스피어William Shakespeare, 극작가

일곱 살 도널드는 한시가 멀다 하고 온 세상 무서운 것들과 씨름하느라 바쁘다. 이 어린 소년에게는 깜깜한 곳부터 새로 다니는 유치원, 심지어 구름조차 두려움의 대상이 된다. 이를테면 도널드는 친구들과 밖에 나와서 공놀이를 하는 동안 하늘에 떠 있는 구름 몇 조각을 보고는 저 구름이 금세 먹구름이 되어 천둥번개가 떨어지는 공상에 빠진다.

한번 이런 공상에 사로잡히면 도널드는 아무것도 하지 못한다. 공놀이에 집중이 안 되고, 친구들과 웃거나 떠들지도 못한다. 아직 몇 해 되지 않은 자기 인생이 금방이라도 끝날 것처럼 무서워 벌벌 떨기만 한다. 메릴린과의 상담 첫날, 도널드는 예상 밖으로 그녀에게 이렇게 말했다. "무서워서 아무것도 못하기는 싫어요!"

시간이 좀 더 흐른 후 도널드는 이 말을 용기를 내기 위한 주문으로 삼았다고 한다.

유감스럽게도 어른들 역시 도널드처럼 두려움에 사로잡혀 꼼짝도 못하는 때가 있다. 하지만 이런 상황에서 두려움을 향해 분노의 한마디를 날카롭게 날려주면 어떨까? '퓨리오수스furiosus'라는 라틴어는 영어 '분노fury'의 어원으로 '광기와 화로 가득 찬 상태'를 의미한다. 분노의 복수형인 '퓨리스Furies'는 복수의 여신들인 세 자매를 가리키며, 앙갚음에 열중하는 사람을 비유하는 단어로도 사용된다. 그러고 보면 우리가 두려움에 앙갚음하는 복수의 신이 되지 말란 법도 없지 않은가.

"무서워서 아무것도 못하기는 싫어요."
:

두려움에 사로잡힌 내 자신이 화가 나고 이로 인해 결국 내 삶이 망가질까 봐 불안할 때 체념하지 않고 두려움을 잠재울 방법을 찾기는 여간 어렵지 않다. 어떻게 해야 속 시원하게 두려움을 향해 한방 날릴 수 있을까?

난소암으로 투병했던 캐런은 병원 침대에 누워 있는 동안 그 방법을 궁리해냈다. 그녀는 남편과 의논해 담당 의사에게 병세와 관련해 부정적인 수치나 의견은 말하지 말아달라고 부탁했다. 나쁜 소식을 조금이라도 더 들었다가는 두려움에 완전히 휘말릴 것 같은 기분이 들었기 때문이다. 그리하여 만약 반드시 알아야 할 정보라면 의사가 남편에게 먼저 전하고, 남편이 그중 캐런이 알아야 한다고 생각하는 사실만 추려서 말해주기로 했다.

어느 날 담당 의사가 병실로 들어오더니 캐런과 단둘이 있는 상태에서 그녀에게 임종을 준비해야 할 것 같다고 알렸다. 캐런은 두려움에 떨며 울다가 문득 화가 났다. 의사가 자신과 한 약속을 어겼다는 사실 때문이었다. 그녀는 남편과 상의하여 담당 의사를 바꾸기로 했고, 다행히 새 의사는 부부가 요청하는 사항에 기꺼이 협조했다. "어떤 일이든 일어날 수 있습니다. 그러나 최악의 상황까지 가정하지는 않도록 하죠."

일주일 후 캐런은 기운을 회복하고 퇴원을 결정했다. 부부는 로키산맥에 있는 작은 오두막에서 따뜻한 성탄절을 보냈고, 그녀는 그 후로도 예상보다 더 오래 살았다.

어떤 두려운 일이든 멈추지 말고 다가가 '번개를 노려보며 굴복시키'듯 투쟁해야 한다. 두려운 마음에 발목 잡혀 꼼짝도 못하는 삶을 살지는 말아야 한다. 그러기 위해서는 먼저 당신의 분노를 동력으로 삼아 두려움에서 빠져나가는 열차에 올라야 한다.

정말로 하고 싶은 것을 계속 미루고 있는가

두려움을 느껴라. 그럼에도 도전하라.
— 수전 제퍼스 Susan Jeffers, 심리학자

마흔 살에 처음으로 스카이다이빙에 도전한 지인이 있다. 그녀는 나름대로 실속 있는 외식 업체를 경영하며 자기 일을 사랑하지만, 하루 정도는 깜찍한 샌드위치를 만들고 먹음직한 미트볼을 삶는 일상에서 벗어나고 싶었다. 좀 더 크게 미래를 그려보고 싶었던 그녀에게는 스카이다이빙이 오랜만에 자신의 관점을 바꿔줄 계기가 될 것 같았다.

마침내 스카이다이빙에 성공한 그녀에게 그 비결을 물었더니 장난스레 웃으며 말했다. "정말로 뛰어내리고 나니 모든 것이 다 고맙게 느껴졌어요. 저 아래 있는 땅이며 그 위를 세차게 날아가는 내 몸까지 말이에요. 어떻게 뛰어내렸느냐고요? 강사한테 팁으로 20달러 주면서 날 좀 밀어달라고 부탁했지요!"

때로 우리는 어떤 일을 정말로 하고 싶고, 혹은 해야 한다고 생각하면서도 두려움을 어쩌지 못해 계속해서 뒤로 미루곤 한다. 그리고 자신에게 이렇게 말한다. '아빠가 날 무시할 때마다 얼마나 화가 나는지 꼭 말씀드릴 거야. 다음에 또 그러면……', '유적지 보호의 중요성을 알리기 위해 일하고 싶어. 하지만 남들 앞에서 말하는 건 너무 쑥스러워서……', '요양원에 계신 할머니를 꼭 찾아뵈어야지. 요양원에 가는 게 더 이상 불편하지 않으면 그때……', '언젠가는 꼭 내 그림을 갤러리에 가져가서 전시할 생각이 있는지 알아볼 거야'…….

굳이 두려워하는 모든 것에 맞서거나 정복할 필요는 없다. 그러나 두려움 때문에 도움이 필요한 사람을 보고도 망설이거나, 소리 내어 말해야 하는데 꿀 먹은 벙어리가 되거나, 자신의 재능을 과소평가하면서 자기 가치관에 따라 살지 못할 때는 이야기가 달라진다. 이런 순간에는 단호히 두려움을 밀치고 나아가야 한다. 아무리 다리가 후들거리고 심장이 쿵쾅거리며 목소리가 떨려도, 웅크리는 대신 앞으로 가야 한다.

도전하라, 망설이지 말고 단호하게

.
.
.

내 아들 맷은 해양 화학 분야의 연구자가 되길 원했다. 학교에 계속 머무르고 싶다는 욕심에 박사 학위까지 따기로 했는데, 그러려면 바다에 나가서 데이터를 수집하고 분석하는 것 말고도 다른 일들까지 해야 했다. 다른 학생들 앞에서 발표하고, 학회에 논문을 제출하며, 학부생들까지 가르치게 된 것이다.

문제는 맷이 사람들 앞에서 말하는 것을 너무나 두려워한다는 점이었다. 맷은 무대 공포증처럼 단순히 그날 하루를 망치는 정도가 아니라 몇 주 동안 후유증에 시달렸다. 그러나 고심 끝에 학위를 잘 마무리해야겠다고 마음을 고쳐먹고 어떻게든 발표를 완수해내겠다고 결정을 내렸다. 이후 맷은 남들이 보기에 지나치다고 할 만큼 끈질기게 연습했다. 나중에는 본인조차 이렇게 농담할 정도였다. "이러다 긴장감까지 외워버릴 지경이에요."

다행히 맷은 인내하고 노력한 만큼 좋은 성과를 얻었다. 게다가 이제는 발표를 앞두고 약간 초조해하는 정도인 데다 학부생들을 가르치는 것 역시 맘 편히 즐기게 되었다. 평생 동안 이어갈 직업에 대해 어렵사리 생각을 바꾼 덕분에 새로운 환경에 아주 잘 어울리는 자신감을 갖추게 된 것이다.

기억하라. 두려움을 느끼되 그럼에도 도전하라는 말은 단순히 누군가를 만족시키라는 뜻이 아니다. 아무 생각 없이 위험한 상황에 성급히 뛰어들라는 뜻은 더더욱 아니다. 언제 두려움을 뛰어넘을지 결정하는 사람은 바로 당신이다. 핵심은 지금 당신이 싸우고 있는 두려움을 찬찬히 살펴보고, 당신 자신을 향해 건강한 존경심을 지키며 신중하게 나아가는 것이다.

나의 무의식에 숨어 있는 나를 찾아서…

> 진정한 의미의 '안전'은 자기 자신으로부터 도망치지 않
> 으려는 의지 안에 있다.
>
> — 도나 마르코바Dawna Markova, 카운슬러

한 남자가 자기 발끝에 달린 그림자 때문에 짜증이 났다. 게다가 발소리까지 귀에 거슬리자 견딜 수 없어진 남자는 이로부터 벗어나기 위해 달리기 시작했다. 그러나 발이 땅에 닿을 때마다 그림자가 생기고 발소리가 나는 것은 어쩔 수 없었다. 남자는 지지 않고 달리고, 달리고, 또 달렸다. 지쳐 쓰러져 죽을 때까지 그렇게 달렸다. 그런데 그가 미처 간과한 사실이 있다. 나무 그늘 안으로 들어가 앉으면 그림자는 그늘에 가려져 사라지고 발소리 역시 멈추게 된다는 사실이다. 동양 철학자 장자의 이야기다.

우리는 어떤가? 이 이야기 속 남자처럼 우리 역시 그림자를 두려워한다. 결국 지쳐 나가떨어질 것이라는 사실을 알면서도 도망치려 애쓴다. 융Carl Gustav Jung 심리학에 따르면 그림자는 우리 무

의식에 숨어 있는 또 다른 자신의 모습이라고 한다. 있는지도 모르는 탓에 전혀 사용하지 않는 물건과 같다는 것이다. 마치 무언가를 트렁크에 넣어버린 채 지하실에 처박아두고 까맣게 잊어버리는 것처럼 말이다.

사실 알지도 못하는 것으로부터 도망치려 하거나 진짜 자신에 대해 알기를 꺼려하는 것은 지극히 자연스러운 반응이다. 과감하게 그늘 아래 자리를 잡고 나의 무의식 안에 무엇이 있는지 들여다보려면 용기에서 비롯된 의식적인 행동이 필요하다.

아쉽지만 이런 시도만으로 단숨에 용기백배할 수 있다고 말하긴 어렵다. 자기 내면을 들여다보는 여정은 간단하지 않기 때문이다. 그러나 계속 도망만 치는 것도 쉬운 일은 아니다. 어느 순간이 오면 남들 보기에 그럴듯한 좌우명을 외우고 다니는 대신, 그동안 쓰고 있던 가면을 벗고 자신의 진짜 욕구를 깨달아야 한다. 이뿐만이 아니다. 오랫동안 꾹꾹 참아온 분노를 풀어내며 잠재된 재능을 알아채는 과정도 필요하다.

머릿속에 가득했던 나 자신에 대한 선입견에서 벗어나기란 두려운 동시에 무척이나 속 시원한 일이다. 우리의 그림자 속에는 다양한 생각과 욕구, 성격들이 훌훌 먼지를 벗고 자기 역할을 발휘할 날이 오기만을 기다리고 있다는 사실을 잊지 않길 바란다.

당신에게 남은 시간이 단 석 달뿐이라면

앞으로 당신에게 남은 시간이 단 석 달뿐이라면 무엇을 하고 싶은가? 폭력을 휘두르던 남편에게서 벗어나고 싶은가? 하늘을 날아보고 싶은가? 자식과 손자들을 데리고 나들이를 떠나고 싶은가? 진짜 속내를 털어놓으면서 살고 싶은가? 신용카드를 최대 한도까지 써보고 싶은가? 그동안 다이어트 때문에 참았던 초콜릿을 실컷 먹고 싶은가? 이 질문에 솔직하게 대답하다 보면 당신의 그림자 아래 무엇이 가려져 있는지 보일 것이다. 스스로의 생각을 통제하거나 감시하지 말고 자연스럽게 끄집어내보자.

예전에는 감추기 급급했던 어두운 자기 모습을 관찰하기 시작하면, 그 대가로 자기 자신에 대해 더 많이 알 수 있다. 계속해서 자기 내면에 무엇이 있는지 발견하고 받아들이는 노력을 해보라. 그제야 비로소 엉뚱하고 별난 자신의 성격이나 몰랐던 강점, 도저히 좋아할 수 없을 것만 같던 성격과도 친구가 될 수 있다. 더 이상 자기 자신과 싸우려 애쓸 필요 없다. 그러고 나서 시선을 돌려 나와 다를 바 없이 복잡하면서도 풍요롭기 그지없는 세상을 바라보자. 이제 무기를 내려놓고 두 팔 벌려 그 세상을 꽉 껴안아보자.

우리는 나 자신을 대할 때와 똑같은 방식과 태도로 세상을 대한다. 자신의 일부를 두려워하거나 편견으로 대하면, 다른 이들을 대할 때에도 두려워하거나 편견을 갖기 십상이다. 나 자신과 평화 협정을 맺는 순간, 마음의 시야가 넓어지고 단단해져 우리 가정과 이웃, 그리고 세계와도 평화를 맺을 수 있다.

칭찬 받고 싶다는 욕심을 어떻게 내려놓을까?

> 용기는 매번 다른 행동으로 드러나지만 그것이 하는 말
> 은 항상 한 가지다. "이게 바로 나야!"
>
> – 로버트 J. 퓨리, 정신과 의사

용기를 내겠다고 마음먹는 일이 색칠 놀이와 같다면 얼마나 좋
을까? 이미 그림이 그려진 책을 사서 누군가 골라준 도구를 이용
해 정해진 순서대로 색칠하는 것처럼 간단하다면! 그러나 실제로
용기를 내어 행동하기란 결코 간단치 않다. 용기란 녀석을 우리 마
음 깊은 곳에서부터 끌어내야 하기 때문이다. 게다가 용기를 표현
하는 방식은 사람들마다 서로 다른 방식으로 캔버스에 그림을 그
리는 것과 같다. 모양이나 색깔이 같은 경우는 단 하나도 없다. 마
치 우리 내면에 존재하는 다양한 모습의 신이 얼핏 보이는 듯하다.

우리는 모두 위대한 예술가가 될 수 있다. 자기 내면을 표현할
용기가 충분하다는 뜻이다. 우선 남들로부터 인정받으려 노심초
사하지 말고 자기 모습을 받아들일 줄 알아야 한다. 누군가 당신

의 용기를 알아보고 칭찬해줄 수도 있고, 또 누군가는 알아보지 못할 수도 있다. 상관없다. 남들에게 얼마나 주목받고 인정받느냐에 따라 좌우된다면 당신만의 특별한 용기를 발견하기는 영영 불가능해진다.

나만의 특별한 용기를 발견하는 일

우리는 자기만의 용기를 발견하는 과정에서 또 다른 걸림돌과 마주치게 된다. 바로 용기를 대번에, 그것도 완벽한 모양으로 찾아내려는 욕심이다. 단언컨대 용기를 내는 데에는 쉬운 공식이 없다. 난관이 닥칠 때마다 각 상황에 맞춰 결단을 내려야 한다. 과거에 용감했던 순간을 떠올리고 지금도 그때처럼 할 수 있다고 스스로를 격려할 수도 있다. 그러나 과거에 써먹었던 방법이 지금은 소용없을 수도 있다. 현재 상황을 신중하게 살펴봐야 비로소 다시 용감하게 결단을 내릴 수 있다.

용기가 필요한 상황은 다양하다. 꽃을 한 송이 한 송이 모아 화환을 만드는 것처럼 용기를 조금씩 그러모아야 하는 때가 있는가 하면, "이건 도저히 용납 못해!"라고 불같이 외치게 되는 때도 있을 것이다. 환경 보호 프로젝트에 상당한 시간을 투여하는 상황

역시 특별한 용기가 필요하다. 정원을 망가뜨린 아이들을 혼내는 대신 식물을 기르는 방법을 알려줄 때에도 그렇다. 용기는 더 크고 좋은 집을 사려고 고군분투하는 와중에 마음의 여유를 잃지 말라고 충고하는 역할까지 맡는다. 가난하고 힘들어도 졸업을 포기하지 않으면 더 큰 꿈을 이룰 수 있을 것이라며 격려하기도 한다. 때로는 꼭 정해진 길을 갈 필요 없이 학교를 떠나 자신만의 커리큘럼을 만들어보라고 등을 떠밀기도 한다.

사람마다 발휘하는 용기는 다르지만, 공통점이 하나 있다. 각자의 내면에서 가장 사랑스럽고 귀중한 부분에서 비롯된다는 것이다. 이것만큼은 모두 똑같다. 세상이 정한 규칙 따위 신경 쓰지 말자. 칭찬받고 싶다는 허망한 욕심도 떨쳐버려라. 두려워하지 말고 당신만의 용기가 지닌 색깔을 선보이는 것이다. 그것은 제각기 어여쁜 색으로 빛날 것이다.

세상이 정한 규칙 따위 신경 쓰지 말자.
칭찬받고 싶다는 허망한 욕심도 떨쳐버리자.
두려워하지 말고 당신만의 용기가 지닌 색깔을 선보이는 것이다.
그것은 제각기 어여쁜 색깔로 빛날 것이다.

때로 삶은 내 뜻대로 되지 않는다

> 진정한 용기를 갖춘 사람은 삶의 기쁨과 고난의 의미를
> 알며, 세상으로 나아가서도 닥쳐오는 모든 것을 기꺼이
> 받아들인다.　－페리클레스Pericles, 고대 아테네의 정치가

이제 40대 후반에 들어선 사라. 그녀는 이른바 '슈퍼맘'이었다.
두 아이의 엄마이자 한 남자의 아내, 그리고 승무원으로서 역할을
완벽하게 수행했을 뿐 아니라 쉬는 날에도 쉬지 않고 봉사 활동을
했다. 그것이 다가 아니었다. 직장일 외에도 작은 사업을 꾸리는
데다, 음식 솜씨는 기가 막혔고 집안은 티끌 하나 없이 깔끔하게
정리정돈했으며, 규칙적으로 운동까지 다니며 자기관리를 했다.
사라는 자신이 이 모든 일을 해낸다는 사실에 성취감을 느꼈다.
그러나 동시에 사라는 그중 단 하나라도 제대로 해내지 못하면 어
쩌나 하는 불안에 내내 사로잡혀 있었다.

이렇게 강박적으로 완벽한 삶에 집착하던 그녀는 한 가지 사건
을 계기로 완전히 바뀌었다. 1989년 2월의 일이었다. 한밤중 호

놀룰루에서 이륙한 비행기가 순항 고도에 오른 순간, 화물칸 문이 떨어져나가는 바람에 기체에 커다란 구멍이 생겼다. 눈 깜짝할 사이에 승객 아홉 명이 시커먼 어둠 속으로 빨려 들어갔다. 설상가상으로 3번 엔진은 고장났고, 4번 엔진에는 불이 붙었다. 기장이 만신창이가 된 비행기를 간신히 호놀룰루로 돌리는 동안, 사라는 극심한 공포에 떨며 모두가 죽고 말 것이라며 자포자기했다. 악몽 같은 20여 분이 지난 후 비행기는 기적처럼 무사히 공항에 착륙했다. 착륙과 동시에 12년 경력의 베테랑 승무원 사라는 침착하게 승객들을 기체 밖으로 안내했다.

몇 달간의 휴식 후 사라는 복직을 결심했다. 끔찍한 사건은 모두 잊었다고 확신했다. 그러나 몇 주 후 그녀는 결국 무너지고 말았다. 신중하고 현명하게 이성을 부여잡고 살아가는 한 삶을 원하는 대로 통제할 수 있다고 생각했지만, 도저히 떨쳐버릴 수 없는 사건을 겪으면서 이런 믿음이 완전히 깨져버린 것이다. 그녀는 언제 어디서 죽음을 다시 마주할지 모르고 당장 내일이라도 죽을 수 있다는 불편한 진실을 감당할 수가 없었다.

다시 직장으로 돌아가기 전까지 사라는 정신과 치료를 받으며 갑작스럽게 자신의 평탄한 삶을 앗아가버린 기억에 대한 분노와 불안을 정면으로 직시했다. 그녀는 점점 그토록 오랫동안 '삶을 뜻대로 할 수 있다'고 생각해왔던 자신이 바보처럼 느껴졌다.

삶의 또 다른 가능성

그녀는 지금도 여전히 승무원으로 일하고 있다. 하지만 전처럼 지나치게 많은 일들을 완벽하게 해내려 애태우지 않는다. 대신 "현재 주어진 것들을 즐기는 것만으로 충분하다"고 말한다. 실제로 끔찍했던 사건과 이후 겪었던 여러 가지 일들로 인해 사라는 분노와 좌절에서 영영 빠져나오지 못할 수도 있었다. 그러나 그녀는 그 안에만 머무르지 않았다. 부정적인 감정에 빠져 있지 않고 삶의 또 다른 가능성을 용기 있게 선택할 수 있음을 알았기 때문이다.

사라는 어떻게 삶의 또 다른 가능성을 선택할 수 있었을까? 그녀는 내게 이런 이야기를 들려주었다. "하와이에 이런 민담이 있어요. 어떤 소녀에게 빛이 가득 담긴 아름다운 그릇이 있었어요. 어느 날 이 그릇을 들고 산책을 나갔다가 자갈돌을 여러 개 주웠는데, 하나씩 담다 보니 너무 무거워져서 도저히 들 수 없는 정도가 되었지요. 결국 소녀는 다 버리고 처음처럼 빛만 담긴 그릇을 가져갈지, 무거운 돌들 때문에 제자리에서 꼼짝도 못할지 결정해야 했답니다."

사라의 결정이 무엇이었는지 아마 여러분도 알아챘을 것이다. 구태여 무겁고 칙칙한 돌덩이를 질질 끌고 다닐 필요는 없다. 때

때로 삶은 비극이며, 우리가 원하는 대로만 되지 않기 때문이다. 지금은 고개를 끄덕이며 공감한다 해도 얼마 되지 않아 잊어버리고 돌덩이 하나를 또 껴안을지도 모른다. 괜찮다. 그것이 인간이다. 그러나 과감하게 돌덩이를 버리고, 또 버리는 연습을 해야 한다. 가볍고 경쾌하게 인생 여정을 떠나기 위한 습관을 천천히 만들어나가는 것이다.

성공한 삶인가, 가치 있는 삶인가

성공한 사람이 아니라, 가치 있는 사람이 되어야 한다.
— 알베르트 아인슈타인Albert Einstein, 물리학자

여기 여섯 살짜리 소년이 있다. 소년은 영화 주인공을 뽑는 오디션에 도전한다. 소년은 최종 후보까지 오르지만 안타깝게도 탈락하고 만다. 어느 기자가 기분이 어떠냐고 묻자 소년은 속상한 얼굴로 이렇게 대답한다. "오디션을 보기 전처럼 평범하게 살려고 노력해야겠어요."

무언가를 얻기 위해 부단히 애를 썼는데 뜻대로 되지 않으면 실망이 이만저만 아니다. 여섯 살이든 예순 살이든 오디션에서 탈락하거나, 직장에서 인정받지 못하거나, 자신이 정한 삶의 조건을 충족하지 못하면 만성적인 불안에 사로잡히기 쉽다. 또한 직장이나 연봉, 사는 동네로 자신의 가치를 따지기 시작하면 하루아침에 성공한다 한들 바로 다음날 그 성공을 허무하게 날려버릴 수도 있

다는 것을 깨닫게 되기도 한다.

그런데 이렇게 살면 스트레스가 엄청나지 않을까? 많은 사람들은 그걸 잘 알면서도 성공을 간절히 원한다. 10대, 20대에게 무엇이 두렵냐고 물어보면 하나같이 "성공하지 못할까 봐 무섭다"고 이야기한다. 어느 열여섯 살 소년은 평생 햄버거 가게에서 일할까 봐 불안하다고 하고, 스물일곱 살 아가씨는 대학원에 가기 위해 직장에 다니며 열심히 저축하면서도 동창 모임에 나가길 꺼린다. 이유를 물어보니 "아직 성공하지 못해서"란다.

성공에 왜 그렇게 집착하는 걸까?
:
:

우리는 어째서 성공에 집착하는 것일까? 뭔가 해내길 바라는 부모의 기대 때문일까? 부모가 자신이 해낸 것처럼 자식 역시 성공하길 요구하는 경우는 적지 않다. 그러나 요즘에는 부모가 아니더라도 사회로부터도 성공을 강요받는 분위기다. 어제는 마치 이를 증명이라도 해주는 듯한 홍보 메일을 받았다. 자기계발 강연을 담은 CD 세트를 홍보하는 것이었는데, 이 강연의 진행자는 6년 전만 해도 비좁고 낡은 아파트에서 근근이 먹고살았다고 했다. 그런데 지금은 자신이 발견한 놀라운 성공의 원리 덕분에 수백만 달러를 벌어들였고, 가족과 함께 엄청나게 넓고 화려한 저택에서 산다며 자신의 성공을 뽐냈다.

물론 일상생활을 유지하려면 어느 정도의 수입이 꼭 필요하다. 또한 그와 별개로 우리의 재능을 키우고 발휘시켜줄 일을 찾는 것은 인간이 행복하게 살아가기 위한 필수 조건이기도 하다. 그러나 저택을 샀다는 그 강연자처럼 외적인 기준으로만 우리의 가치를 평가하는 것이 과연 자연스럽고 건강한 일일까? 우리가 사는 세상에 팽배해 있는 성공과 가치에 대한 그릇된 사고방식을 바로잡아 가는 일은 결코 간단하거나 쉽지는 않다.

우리는 왜 가치 있는 존재일까? 그냥 단순하게 생각하자. 우리는 '그저 살아 있기 때문에' 가치 있는 존재이다. 우리 고유의 가치를 깨닫는다면 마음이 좀 더 느긋해지고 시간을 투자해서 자기 방식대로 세상에 공헌할 방법을 고민하게 될 것이다. 다른 사람들이 어떻게 생각하는지는 중요하지 않다. 우리 스스로가 먼저 자기의 가치를 뼛속 깊이 느낄 수 있어야 한다. 자신을 배려하는 단순한 행동은 곧 세상을 향해 친절과 열정을 베푸는 삶으로 이어질 것이다.

정말 원하는 것을 얻으면 행복해질까?

행복은 우리가 원하는 것을 얻으려는 마음보다 지금 가
진 것을 소중히 여기는 마음에 있다.
— 데이비드 G. 마이어스David G. Myers, 심리학자

사람들은 마치 습관처럼 불안에 떤다. 행복한 삶을 완성하는 데
필요한 재료를 행여 하나라도 빼먹을까 봐 걱정하기 때문이다. 우
리는 어린아이처럼 겉으로 내색하거나 투정을 부리지는 못하지
만, 간혹 마음속에서 칭얼거릴 때가 있지 않은가. '더 많이! 더 많
이 줘!'라며 징징대고, '그게 아니야, 내가 원하는 건 다른 거야!'라
고 불평하고, '시퍼런 야채 따위 치워버리고 초콜릿을 내놔! 그래
야 내가 행복할 수 있어!'라며 고집을 부리는 것이다.

정말 원하는 것을 얻는다면 어떨까? 그럼 진짜 행복해질까? 로
또 1등에 당첨된다면? 세상에서 가장 잘생긴 남자와 결혼한다면?
드레스룸이 딸린 대저택으로 이사를 간다면? 엄청난 유산을 물려
받아 당장 회사를 그만두고 보라보라섬으로 날아가서 끝내주는

소설을 쓴다면? 골치 아픈 천식이나 관절염이 하루아침에 씻은 듯이 낫는다면?

《행복의 추구In the Pursuit of Happiness》라는 책의 저자이자 심리학자 데이비드 마이어스David G. Myers는 이렇게 말했다. "수십여 개의 연구 결과 공통적으로 발견되는 사실이 있다. 객관적인 삶의 경험은, 일단 여기에 익숙해지면 행복에 별다른 영향을 미치지 않는다는 것이다."

다시 말하면 이렇다. 엄청난 행운으로 생각했던 일이 실제 자신의 삶에서 나타나면 당연히 행복 지수는 솟구치고, 바라던 것을 얻지 못할까 봐 두려워하던 불안 지수는 자연히 떨어진다. 다만 이토록 만족스러운 상태가 오래 지속되지는 못한다. 마치 달콤한 초콜릿 케이크나 콜라를 계속 먹다 보면 질리는 것과 같다. 마냥 좋았던 기분은 점차 사라지고 결국 행복 지수는 예외 없이 전과 같은 상태로 돌아간다.

반대로 불행한 일이 닥치면 행복 지수는 곤두박질치며, 한동안 두려워하거나 슬퍼하고 분노하게 된다. 그러나 태풍으로 우리 집 지붕이 날아가거나, 사랑하는 사람이 세상을 떠난다거나, 병에 걸리고 장애가 생긴다 한들 결국 우리는 이전의 삶으로 돌아간다. 행복 지수 역시 불행이 닥치기 전의 수준으로 올라가는 것이다.

조건 없는 행복의 기술

:

행복이 분명 어딘가에 있을 것 같은데 눈에 보이지 않아 지치는 가? 아니면 앞으로 절대 행복해지지 못할까 봐 두려운가? 이런 때야말로 '조건 없는 행복의 기술'을 연습해보기에 딱 좋다.

매일 아침 자리에서 일어날 때마다 스스로에게 이렇게 말해보자. "오늘 하루도 살아 있다니 나는 얼마나 '운 좋은 사람'인지 몰라." 하루 동안 집이나 회사에서 화가 나거나 나 자신이 싫어지는 순간이 찾아올 때에도 같은 말을 해보자. 특히 한밤중에 자다 깨어났을 때 이 말을 몇 번이고 반복하라. 처음에는 거짓말을 하는 것 같은 기분이 들지도 모른다. 난 너무 운이 없어서 이런 말을 해봤자 소용없다고 생각할지도 모른다. 그래도 몇 주, 몇 달을 반복하다 보면 어느 날 문득 깨닫게 될 것이다. 내가 세상에서 제일 불쌍하다고 여겼던 생각이야말로 마음이 만들어낸 허상에 불과하다는 것을.

뭔가를 얻기 전까지는, 어떤 일이 일어나기 전까지는 절대 만족할 수 없을 것이라고 생각하면 지긋지긋한 두려움에 시달릴 수밖에 없다. 그리고 이 두려움이 당신 마음의 눈까지 가리는 바람에 당장 눈앞에 있는 좋은 것들까지 놓쳐버릴지 모른다. 원하는 것을 손에 넣는다 해도 영원히 행복할 수는 없고, 무언가를 잃어버린다 해도 영원히 불행하지도 않다. 어떤 일이 일어나든, 일어나지 않든 우리 모두에게는 행복을 선택할 능력이 있다. 그 능력을 깨닫기만 하면 지금 주어진 것만으로도 얼마든지 행복해질 수 있다. 당신은 이미 충분히 운 좋은 사람이다. 지금 이 순간 숨 쉬며 살아있는 축복을 누리고 있지 않은가.

실수하고 실패해도 괜찮아

우리는 자신이 살아가는 동안 매일매일 실수하고 실패
하며 바보짓을 하도록 허락해야 한다.
　　　　　　　　　　　　　　－ 셸던 콥, 정신의학자

　두려움을 다스리는 비결 가운데 하나는 자신이 실수하도록 허
락하는 것이다. 사람들은 아무리 최선을 다해도 일을 제대로 해내
지 못할까 봐 항상 두려워한다. 어떤 분야에서 충분한 지식과 전
문성, 나름의 지혜까지 두루 갖춘 사람도 새로운 시험이 닥쳤을
때 여전히 자신에게 부족하고 어리석은 면이 있다고 느끼는 것과
같은 이치이다.

　실수를 하면 누구나 부끄럽고 당황하기 마련이지만, 실수만큼
훌륭한 스승도 없다. 그렇다면 실수를 두려워하거나 실수라는 스
승을 만나지 않기를 바라는 우리 마음을 조금만 바꿔보면 어떨까?
어떻게든 머릿속에 있는 가장 완벽한 이미지로 자신을 만들려 애
쓰지 말고, 자신이 잘하든 못하든 상관없이 새로운 일을 시도해보

는 것이다. 정신의학자 셸던 콥이 말한 것처럼, 우리는 우리 자신
이 실수하고 실패하며 때로는 바보짓을 하도록 기꺼이 허락해야
한다.

바보짓을 허락하라

작곡가인 션은 이런 사고방식을 선택하면서 자신에게 어떤 변
화가 일어났는지 들려주었다. 션은 늘 자신의 감정을 외면하고 싶
어 했다. 그런 탓에 지나칠 정도로 술에 의지하게 되었고 매일같
이 술에 취하여 6년이라는 세월을 보냈다. 그러던 어느 날 자신의
상태가 얼마나 심각한지 깨닫고 술을 멀리하기로 결심했고, 지난
5년 동안은 규칙적으로 명상을 하며 마음을 다스렸다.

션은 명상을 통해 자신을 돌아볼 수 있었다. 명상을 시작한 뒤
부터 그의 삶도 제자리를 찾아가는 것 같았다. 물론 완벽하게 변
한 것은 아니었다. "저는 여전히 실수투성이인 데다 술에 빠져 살
던 시절처럼 앞날도 불투명해요. 아직도 스스로를 부끄러워하고
불현듯 상처를 입히기도 하지요. 그럼에도 불구하고 이런 고통스
러운 경험을 하면서 한 발짝 성장할 계기를 찾을 수 있을 것 같아
요. 이렇게 본다면 실수만큼 성장에 도움이 되는 것도 없죠. 수많

은 명작들 역시 실수와 우연으로 탄생했다고 하잖아요."

션은 또한 화가가 팔레트에서 파란색을 고르려다 빨간색을 택하면서 전에는 몰랐던 새로운 색의 조합이 나올 수 있듯이, 공연을 한 번 망쳤다 해도 이를 계기로 자신의 연주나 성격에 대해 이해할 수 있는 계기를 얻을 수 있을 것이라 덧붙였다.

션의 경우처럼 실수하는 자신에게 너그러워지는 법을 배우는 과정에서 우리는 두려움의 얼굴을 변화시키는 기술을 터득할 수 있다. 다음 다섯 가지 조언을 기억하면 도움이 될 것이다.

● 또다시 실수할까 봐 불안해하거나 걱정하지 마라

우리가 살아가는 한 실수를 피할 수는 없다. 그러니 마음을 편히 먹자. 이 방법 외에는 별 도리가 없다.

● 실수는 자만하는 것을 예방해준다

하루에 최소 다섯 번은 실수해야 자만하지 않는다. 매사 완벽하다면 자칫 교만해질 수 있다. 반대로 하루 동안 실수를 거의 하지 않았다면 당신이 새로운 시도를 꺼린다는 증거일 수도 있다.

● 새로운 실수를 하라

예전에 했던 실수를 되풀이하는 것은 좋지 않다. 나는 자동차 열쇠를 차 안에 둔 채 잠가버리는 실수를 스무 번 정도 한 후에야 비로소 같은 실수를 저지르지 않았다. 해결 방법이 무엇이었을까? 아주 간단했다. 자동차에서 내리기 전에 "차 열쇠는 어디 있지?"라고 스스로에게 물어보는 습관을 만든 것이다.

● 실수로부터 배워라

당신 자신이나 다른 누군가에게 상처를 주는 큰 실수를 저질렀고 그것을 결코 잊을 수가 없다면, 이제 그만 스스로를 용서하고 그것으로부터 배움을 얻는 쪽을 택하라. 과거에 집착한들 아무것도 달라지지 않는다. 현재에 집중하는 데 방해만 될 뿐이다.

● 실수의 원인에 대해 생각해보라

그럼에도 자만심이나 욕심, 분노, 편견, 짜증으로 인해 실수를 하게 된다면 어쩌다 그런 실수가 생겼는지 원인을 생각해보자. 특히 후회되는 실수가 있다면 그로부터 당신 자신과 다른 이들을 용서할 줄 아는 연민을 배울 수 있다.

꿈을 현실로 만들기 위해 꼭 필요한 것

> 당신이 보트 위에서 흔들릴 때 누군가 당신에게 자리에
> 앉으라고 말해줄 것이다. ─ 수전 제퍼스, 심리학자

꿈을 발견하고 그것을 이루겠다고 마음먹고 나면 자연히 가족과 친구에게 이야기하고 싶어지기 마련이다. 그러나 모두가 한마음으로 당신을 응원해주지는 않는다. 비웃는 사람도 있을 테고, 또 누군가는 간신히 용기를 낸 당신을 예전의 겁쟁이로 되돌려 놓으려는 시도를 할지도 모른다.

《넌 할 수 있어, 꼬마 기관차The Little Engine That Could》라는 동화가 있다. 주인공 꼬마 기관차는 높은 언덕을 올라가면서도 지치지 않고 이렇게 말한다. "난 할 수 있어. 난 할 수 있어." 우리도 꼬마 기관차처럼 이 말을 몇 번이고 거듭해야 한다. 그런데 격려를 해주기는커녕 사랑하는 사람들로부터 정반대의 말을 듣는다면 어떻게 될까? "네가 정말 할 수 있을까?", "꼭 그렇게 해야겠니?" 이런

말은 우리 마음속에 있던 두려움과 불안을 더욱 가중시키기 십상이다.

최근 메릴린의 딸 에이미는 지금껏 나고 자란 덴버를 떠나기로 결정했다. 이제 스물네 살이 된 미용사 에이미는 유람 여객선 안에 있는 미용실에서 일하면서 이국적인 항구 도시들을 여행하고, 세계 곳곳에서 찾아오는 여행자들을 만나길 꿈꿨다.

그런데 이력서도 새로 쓰고 구인 공고를 알아보면서 착실히 준비하던 와중에 그녀에게 뜻밖의 난관이 찾아왔다. 가족과 친구들의 엄청난 반대에 부딪힌 것이다. "너 말고도 수백 명이 넘게 지원할걸? 왜 괜히 시간 낭비를 하니?", "여객선 안에서 살면 숙소가 너무 답답할 거야. 지금도 옷장이 넘쳐날 정도로 옷이 가득하잖아?", "배 타고 돌아다니면 핸드폰도 마음대로 못 쓸 텐데, 가족들이랑 어떻게 연락하려고 그래?" 심지어 이런 말까지 들었다. "네 주제를 좀 알아라. 지금껏 우리도 여객선 한번 못 타봤어!"

에이미는 미처 예상하지 못한 지인들의 반대 속에서 고민에 빠졌고, 결국 처음에 품었던 열정이 두려움으로 돌변하고 말았다. 자신의 꿈이 한낱 어리석은 망상에 불과했다는 생각에 사로잡히고 만 것이다. 다만 곁에서 이를 지켜본 메릴린은 엄마로서 딸의 꿈을 끝까지 응원하고 격려해주었다. "쉽게 포기하지 마. 좀 더 알아보고 결정하면 되잖니."

⋮

여객선 관광 산업과 관련하여 믿을 만한 정보를 알아내면서 에이미는 차츰 이런저런 걱정과 불안에 대한 해답을 얻었다. 가령 선내 숙소는 좁은 편이라 답답할 수 있지만 음식은 기가 막힌 수준이라는 것, 지원자가 많은 만큼 경쟁률도 높지만 에이미는 경력 덕분에 유리한 편이라는 것, 봉급은 넉넉하지 않은 수준이지만 팁이 후하다는 것까지! 가족들과 연락하는 것 역시 큰 문제가 되지 않았다. 가장 중요한 것은 원하는 직업에 대해 구체적으로 알아보는 동안 자신이 이 일을 정말로 원한다는 사실을 깨달았다는 점이다. 에이미는 마침내 이력서를 보내 지원했고, 한 달 만에 하와이 소재 여객선 회사에서 일자리를 구했다.

꿈을 현실로 만들기 위해서는 충분한 용기가 필요하다. 시인이자 심리학자인 클라리사 핀콜라 에스테스Clarissa Pinkola Estes는 이런 말을 했다. "조언이 필요할 때 소심한 사람의 말을 들어선 안 된다. 소심한 사람을 배려하고 같은 편으로 만들더라도, 절대 그의 조언은 따르지 마라."

새로운 세상으로 떠나거나 새로운 방식으로 행동하려 하면 오히려 가장 가까운 이들이 불안해하거나 두려워할 가능성이 있다. 얼마든지 있을 수 있는 일이다. 그럼에도 불구하고 <u>새로운 곳을</u>

향해 나아가려 노력하는 것은 결국 당신 자신의 몫이다. 마침내 이를 감당할 용기를 냈다면 곁에서 당신을 응원하고 지지해줄 수 있는 동지를 찾아라. 그리고 세계 곳곳을 여행할 때마다, 혹은 당신 마음속 새로운 장소를 발견할 때마다 그에게 편지를 보내보라. 그는 당신을 언제든 지지해줄 것이다.

예상치 못한 일들을 바라보는 관점

유연한 이들은 축복받았다. 뭐든 억지로 욱여넣느라 화
가 날 일이 없으므로.　　　　　　　－무명씨

오랜만에 아들 티모시가 레이첼을 데리고 놀러 왔다. 음악가인
티모시는 베란다에 나와 디저리두(오스트레일리아 원주민의 목관 악
기)를 연주했다. 공기를 울리는 신비한 소리에 나는 정말로 오스트
레일리아 오지에 와 있는 기분이 들었다. 레이첼은 거실에서 경쾌
하게 피아노를 연주했다.

더운 날씨였으므로 우리는 집 안 모든 창문을 활짝 열어두었다.
20층 아래에서 들려오는 자동차 소리가 악기 소리와 묘하게 섞여
들었다. 나는 서재 컴퓨터 앞에 앉아 있었다. 마감 일정이 얼마 남
지 않아 몇 시간 동안 꼼짝없이 작업을 해야 했다. 베란다의 디저
리두 소리가 이제는 코끼리 울음소리처럼 울려 퍼졌다. 덕분에 일
에 집중할 수는 없었지만 감사한 마음이 들었다. 사랑하는 사람들

이 바로 곁에 있었기 때문이다.

예전에는 아무리 사랑하는 이들이라도 내가 일하는 동안에 시끄럽게 하면 화가 났다. 잠시 일하는 동안이나마 조용히 있어주길 원했다. 특히 두 아들이 한창 자랄 무렵에는 서재 문을 꽉 닫아놓고 둘 중 하나가 정말 심하게 다치지 않는 이상 절대 방해하지 말라고 당부하곤 했다. 지금은 일할 때 조용하면 좋지만 반드시 그래야 한다고 생각하지 않는다.

상황은 매순간 변한다
•
•

유연하게 생각하기 위해 노력하는 과정은 결코 만만하지는 않다. 유연성의 핵심은 현재 상황을 주어진 그대로 바라보고 이에 어떻게 반응할지를 결정하는 데 있다. 계획에 따라 행동하는 것이 아니니 두려울 법도 하다. 그래서 사람들은 유연해지기를 두려워한다. 누구나 계획이라는 단단한 기반 위에서 움직이길 원하는 까닭이다. 사람들은 앞으로 무슨 일이 일어날지 알고 싶어하고, 미리 계획을 세워 목표를 추구한다. 또 하루, 일주일, 한 달 혹은 인생 전체를 계획대로 살기를 바란다.

다만 문제가 하나 있다. 제아무리 완전무결하게 계획을 짜놓는다 해도 늘 계획대로 되지는 않는다는 것이다. 철저하게 계획을 지키겠노라 단단히 마음먹어도 삶은 융통성 없는 우리를 기어코 무장 해제시키고 만다. 가까운 사람의 죽음, 느닷없이 우리에게 닥치는 사고나 병, 실직, 자연 재해, 범죄 등 예상치 못한 일들이 일어나 계획을 제멋대로 뒤바꾼다. 실제로 위중한 병을 치료하는 데 집중하거나 재취업 준비에 매달리고, 무너진 집을 보수하고 사고 후유증을 극복하려 애쓰다 보면, 전에는 중요하다고 여겼던 계획이 얼마든지 무의미해지기도 한다. 심지어 사소하고 하찮은 일들 때문에 계획이 틀어지는 경우도 허다하다. 중요한 약속이 있어 가야 하는데 자동차 시동이 걸리지 않는다거나, 아이를 봐주기로 한 보모가 갑자기 연락두절이 되면 어떻게 할 것인가. 급히 처리할 일이 있는데 컴퓨터가 고장 나버리는 경우는 또 어떤가.

상황이 항상 내가 원하는대로 통제되지 않으며 새로운 조건이나 상황에 적응해야 한다는 사실을 깨닫는 순간, 계획을 바라보는 관점 역시 달라진다. 이럴 땐 가장 먼저 유연해지겠다고 마음먹어야 한다. 지우개와 연필만 있으면 충분히 할 수 있는 일이다. 그리고 새로운 사실을 배운 나 자신을 축하해주자. 해야 할 일을 끝까지 완수해냈다고 축하하는 것이 아니다. 상황은 매 순간 변화한다는 사실을 깨달았음을 축하하는 것이다.

어떠한 상황에서도 삶의 의미를 찾는 능력

> 진정한 위대함은 모든 사람들이 광기에 빠지는 상황에
> 서도 충실성을 잃지 않는 능력에 있다.
>
> – 웨인 다이어Wayne Dyer, 심리학자

조앤은 긴 손톱에 빨간색 매니큐어를 즐겨 칠하곤 했다. 그것도 무척이나 맵시 있게. 마흔을 훌쩍 넘긴 나이에도 고운 손만큼은 10대 소녀와 견줄 만했다. 그녀를 만날 때마다 나는 뭉툭하고 거친 내 손을 슬며시 주머니에 집어넣고 꺼내질 못했다. 그러면 조앤은 내게 다가와 부드럽게 두 손을 잡아 끌어당기며 평소처럼 짓궂은 농담을 던졌다. 그렇게 둘이 같이 키득거리다 보면 손에 대한 생각은 금세 잊혀졌다.

조앤은 우리 아버지와 같은 요양원에서 지냈다. 아버지가 막 요양원에 들어갔을 때 조앤은 선배로서 그곳 생활의 요령을 알려주었다. 다른 사람들을 소개해주고, 어떤 직원이 부탁하기 좋고 어떤 직원은 피해야 하는지를 속속들이 이야기해주었다.

내가 그녀를 다시 만났을 무렵에는 퇴행성 질환이 무척 심해진 상태였다. 휠체어에 똑바로 앉아 있질 못해 끈으로 자세를 고정해주어야 할 정도였다. 때로는 진통제를 더 달라며 그 예쁜 손톱이 부서져라 주먹을 쥐고 고래고래 소리를 질렀다. 조앤의 남편은 조앤이 몸이 좋지 않다는 사실을 알고 아주 오래전에 그녀를 떠났다. 찾아올 자식도 없었다. 그래도 그녀에게는 백발의 미남 남자 친구 존이 있었다. 존은 이제 50대 초반이었고, 중풍 때문에 말을 더듬는 편이었지만 친절한 사람이었다. 두 사람은 손을 꼭 잡고 일광욕실에 가만히 앉아 햇볕을 쬐곤 했다.

당신은 선택할 수 있다

:

조앤이 세상을 떠나기 전에 나는 무엇이 그녀의 삶을 견디게 하는지 물어본 적이 있다. "엘비스 프레슬리 노래 테이프랑 기도야." 그녀는 다른 이들이 차라리 미쳐버리는 쪽을 선택하는 피폐한 상황에서도 변함없이 삶에 충실했다. 마치 신이 그들을 괴롭히겠다고 작정이라도 한 듯 힘든 상황에 빠진 사람들을 보고 있자면 나도 무척이나 가슴이 아프다. 한편으로는 나 역시 그런 상황에 빠질까 봐 두려워지기도 한다.

조앤이 겪었던 그 많은 일들이 자신에게 일어나길 바라는 사람은 아마 아무도 없을 것이다. 누구나 자신을 한계 상황까지 몰아붙이는 일이 실제로 일어날까 봐 두려워하지 않는가. 자녀의 죽음, 심신을 무너뜨리는 질병, 장애, 소중한 것을 잃어버리는 사건 사고 등 그 목록을 대자면 끝이 없다. 이외에도 행여나 엄청난 실수를 저질러 나 자신의 존엄성이나 다른 사람에게 크게 상처를 주는 일이 생기면 어쩌나 걱정하기도 한다.

만약 당신에게 그런 끔찍한 상황이 벌어진다면 무엇을 할 수 있을까? 이미 그런 일이 벌어진 상황이라면? 심리 치료사 빅터 프랭클Viktor Frankl은 이 질문에 해답을 제시하는 책을 썼다. 바로 2차 대전 당시 강제수용소에서 수년간 지냈던 경험을 토대로 쓴 《죽음의 수용소에서Man's Search for Meaning》이다. 이 책에서 그는 인간으로서 존엄성을 포기하도록 만드는 상황에서도 이성을 잃지 않고 삶의 의미를 찾는 능력에 대해 이야기하고 있다.

극도로 두려운 상황이 닥치면 우리는 심리적으로 위협을 느낀다. 그러나 이때 용기를 잃지 않겠다고 마음먹는 것만으로도 나 자신을 지킬 수 있다. 아울러 '나는 선택할 수 있다'는 사실을 기억한다면, 다음에도 또 그다음에도 그렇게 마음먹을 수 있다.

당신은 무엇을 할 수 있을까? 당신만의 놀라운 개성을 드러내기로 결심한다면 언제 어디서든 삶에 충실할 수 있을 것이다.

언제든 다시 시작할 수 있다

고장 난 것은 맞지만, 끝장난 것은 아닙니다.

– 가브리엘 리코, 작가

유방절제술을 받았을 때, 배우자가 떠나버렸을 때, 집이 불타버렸을 때, 일자리 혹은 아끼던 무언가를 잃었을 때……. 이런 일을 겪고 나면 마음이 산산이 부서져 다시 예전으로 돌아갈 수 없을까 봐 두려움이 엄습한다. 더구나 크나큰 상실을 겪은 후에는 밤에도 쉬 잠들지 못하고 당신에게 벌어진 일들을 몇 번이고 곱씹거나, 한밤중에 문득 잠에서 깨어나곤 한다. 그리고 '난 안 될 거야'라며 좌절하고 체념하는 목소리가 끈덕지게 귓가를 맴돈다.

이런 메시지는 알람시계처럼 사실적으로 보이지만 결코 사실이 아니다. 그러나 두려움에 심신이 지치고 분노에 휩쓸리다 보면 우리는 자신도 모르는 사이 이런 잘못된 생각에 사로잡혀버린다. 그러나 이 세상을 떠나기 전까지 우리는 계속 나아갈 수 있다. 간혹 고장 날 수 있지만 절대 끝장나지는 않는다. 설사 삶에서 없어서는 안 된다고 생각했던 무언가를 잃어버린다고 해도 우리는 언제든 다시 시작할 수 있다.

당신은 용감한 사람이다

삶을 다시 시작하는 일이 어떻게 가능할까? 정신의학자 엘리자베스 퀴블러 로스Elisabeth Kübler-Ross는 죽음을 앞둔 이들이 겪는 다섯 단계를 따르라고 조언한다. 이 다섯 단계란 부정과 고립, 분노, 협상, 우울, 수용으로 이루어진다. 이 과정에서는 마침내 변화된 상황을 기꺼이 혹은 힘겹게 받아들이기 전까지 비틀거리며 걷기도 하고 앞 단계를 반복하기도 한다. 동시에 자기 자신에게 머뭇거리며 다음과 같은 한 가지 질문을 던진다. '내가 정말로 할 수 있을까?' 이때 당신은 보조 바퀴를 떼고 처음으로 자전거를 타는 어린아이와 같은 심정이 되는 것이다.

마지막 수용의 단계로 들어설 때 당신은 스스로 용감하다는 생각이 들지 않을 수도 있다. 그러나 당신은 참으로 용감한 사람이 맞다. 우리가 지닌 용기는 결코 지치지 않고 늘 미소를 짓는 완벽한 낙천주의자의 그것과 같지 않다. 힘든 상황에서도 당신이 정말 포기하지 않을지 괜히 시험하지도 않는다. 수용한다고 해서 반드시 활력이나 열정이 넘쳐야 하는 것은 아니다. 수용은 그저 수용일 뿐이다. 여전히 주어진 상황에 불만스러울 수도 있고, 이런 상황으로 이끈 운명을 원망할 수도 있다. 하지만 수용을 끌어안기 시작하는 순간부터 우리는 절망에서 벗어난다. 그것이 스스로 절망에서 빠져나올 유일한 방법이라는 사실을 깨닫게 되기 때문이다.

수용은 삶에 대한 관점을 바꾸고 두려움을 다스리게 한다. 전에는 '물이 반밖에 없다'고 생각했다면, '물이 아직 반이나 남았다'고 생각하도록 돕는다. 동시에 매일매일 다짐하고 또 다짐하라고 격려해준다. 우리는 그에 따라 빨대를 물고 텅 빈 허공을 빨아들이는 대신 아직 가슴 깊은 곳에 남아 있는 생명의 물을 들이마시겠다고 진짜로 다짐하게 될 것이다. 이렇게 새로이 관점을 바꾸고 다짐을 거듭하다 보면, 어느새 내게 남아 있는 것들에 감사하는 마음이 생겨나지 않겠는가.

얼마 전 인도의 무용가 수드하 찬드라Sudha Chandran에 대한 글을 읽었다. 찬드라는 불의의 사고로 왼쪽 다리를 절단하고 의족을 착용한 후에도 무용을 그만두지 않았다고 한다. 누군가 어떻게 그럴 수 있었느냐고 묻자, 그녀는 이렇게 말했다. "춤을 추는 데 발이 반드시 필요한 건 아니랍니다."

찬드라가 그랬듯이 난관이 찾아와도 포기하지 않을 때 얻는 기쁨은 무엇과도 비교할 수 없다. 미궁 같은 두려움 속을 헤매면서도 멈추지 않고 수용을 향해 나아갈 때 우리는 마음속 깊은 곳에서 진정한 기쁨을 만난다. 찬드라에게 박수를 보낸다. 또한 당신과 나, 그리고 '비록 고장나더라도 끝장나지는 않겠다'고 외치는 수많은 사람들에게 뜨거운 박수를 보낸다.

괜찮다고 말하면 달라지는 것들

불확실성을 웃어넘길 수 있는가

만약 우리에게 사치스러울 만큼 확신이 넘쳐난다면 용
기는 필요 없을 것이다.   ─ 로버트 J. 퓨리, 정신과 의사

어느 국제회의에서 달라이 라마는 이런 질문을 받았다. "앞으로 50년 후 세상이 어떻게 변화할 거라고 생각하십니까?" 장내에 있던 모든 이들이 그럴듯한 답변을 기다리는 가운데 달라이 라마는 전혀 예상 밖의 대답을 던졌다. 크게 너털웃음을 터뜨리며 이렇게 말한 것이다. "저는 오늘 저녁에 어떤 차를 마실지조차 모릅니다. 그런데 앞으로 50년 후 세상이 어떻게 될지 알 도리가 있겠습니까?"

그랬다. 현명하고 유쾌한 달라이 라마도 역시 불확실성으로부터 자유로울 수 없었다. 수십여 년 전 그가 열아홉 살이었을 때 중국 공산당 지도자들에게 티베트 불교 수행자들이 어째서 차별이나 제약 없이 자신들의 나라로 돌아가야 하는지 그 정당성을 차분

히 설명한 적이 있다. 달라이 라마는 고위 공직자인 그들이 논리 정연한 자신의 말을 충분히 납득하리라 확신했다. 그러나 아니었다. 그를 비롯해 수천의 티베트 국민은 변함없이 망명 상태로 남았고, 중국은 티베트에 대한 압박을 멈추지 않았다.

나는 무엇을 할 수 있는가

불확실성을 웃어넘길 수 있을 만큼 평정심을 유지하려면 어떻게 해야 할까? 매사에 확신하기란 불가능하다는 사실부터 깨달아야 한다. 그리고 그럼에도 불구하고 최선을 다하겠다는 마음가짐이 필요하다. 불확실한 상황을 대면하고 용기가 증발해버릴 것 같은 순간, 스스로에게 이런 질문을 해보자. '내가 확실히 알고 싶어 하는 것은 무엇일까?' 사소한 것이든 중요한 것이든 상관없다. 대답이 떠오르는 대로 종이에 적거나 소리 내어 말해보자. 가령 '앞으로 6개월 동안 내 차가 큰 고장 없이 버틸 수 있을지 알고 싶다', '공무원 시험에 합격할지 궁금하다', '다음 달에 우리 아기가 아무 탈 없이 건강하게 태어날지 알고 싶다' 등의 질문이 떠오를 수 있다.

이를 차례대로 적은 다음 또 다른 질문을 해보자. '원하는 결과를 끌어내기 위해 내가 할 수 있는 일은 무엇일까?' 자동차 점검을 하고 문제가 있다면 수리를 하는 것, 공부를 계획적으로 하는 것, 정기적으로 병원에서 태아 검사를 받는 것이 이 질문에 대한 답이 될 것이다. 우리가 무엇을 할 수 있는지를 구체적으로 확인하고 나면 여기에 집중하는 것도 가능하다. 우리는 이제 최선을 다하고 안도할 수 있는 것이다.

모든 일이 우리 뜻대로 되기는 어렵다. 그렇기 때문에 자신이 가치를 두는 것이 무엇인지 파악하고 그에 따라 우선순위를 따져야 한다. 이것이야말로 당신의 유일한 의무이다. 삶은 누구에게나 불확실하다. 그러나 단 한 가지 사실만 확신한다면 당신 안에서 용기가 길을 잃는 일은 없을 것이다. 하루하루 소중한 시간을 살아가는 존재가 바로 당신 자신이라는 사실 말이다.

당신에게 위로를 구하는 이를 외면하지 마라

두려움에 맞서 오른손을 들고, 연민을 향해 왼손을 내밀
어라.
— 셸던 콥, 정신의학자

'두려움에 맞서 오른손을 들고, 연민을 향해 왼손을 내밀어라.'
이 문장은 셸던 콥 박사가 두려움을 극복하는 법에 대해 쓴 책에
등장한다. 뇌종양 진단을 받고 세상을 떠나기 전까지 박사는 20여
년간 만성 통증과 신체 마비 증세, 장애의 가능성과 더불어 함께
살았다. 그 와중에도 박사는 계속해서 글을 써서 인간에 대한 연
민과 열정이 가득한 책들을 세상에 남겼다. 그는 또한 훌륭한 남
편이자 세 아들의 아버지이기도 했다.

그의 삶은 그 자체로 다음과 같은 유의미한 메시지를 전한다.
'두려움에서 완전히 벗어나야만 인정을 베풀 수 있는 것은 아니
다.' 설사 두려움으로 온몸이 바들바들 떨린다 해도 우리는 다른
사람의 손을 잡아줄 수 있다. 우리가 커다란 충격을 받고 마음이

얼어붙었다 해도 우리에게 위로를 청하는 사람을 외면하지 않을
수 있다. 우리는 서로를 위로하고 달래주면서 오히려 자신의 상처
를 치유받을 수 있다.

함께 가면 멀리 갈 수 있다

물론 이런 사실을 깨닫기까지 시간이 아주 오래 걸릴 수도 있
다. 특히 마음이 불안하고 쫓기는 상황에서 사람은 자기중심적으
로 생각하고 행동하기 쉽다. 본능적으로 두려움에서 빠져나올 방
법을 찾느라 바쁘다. 통제할 수 없는 두려움이 자신을 갈기갈기
찢어버릴 것이라고 생각하기 때문이다. 내 코가 석자인 상황에서
다른 사람을 걱정하는 일을 우선순위에 두기란 정말로 어렵다.

그러나 오로지 자기 상황에만 매몰되어 있지 않길 권한다. 자신
의 두려움을 극복하는 데 통달하고 난 다음에야 다른 사람들을 도
울 수 있는 것은 아니다. 두려움에 맞서면서 우리는 오히려 용기
를 찾는 여정에 오르게 된다. 이때 같은 어려움을 겪는 이들에게
손을 내밀면 더 큰 기운을 얻어 더 멀리 나아갈 수도 있다.

고립 상태에서 벗어나 마침내 행동을 하려면 실로 엄청난 노력
을 기울여야 한다. 논리적으로 따지자면 아직 그럴 여력이 없다고

생각할지도 모른다. 하지만 그렇지 않다. 놀랍게도 우리 모두에게는 두려움에 짓눌려 있음에도 다른 이에게 손을 내밀고 마음을 나누는 능력이 있다. 먼저 다가가면 얼마든지 가능한 일이다.

며칠 전 나는 친구들과 함께 병으로 입원한 이웃을 찾아갔다. 임종을 앞둔 심각한 상태였기에 여럿이 함께 가도 괜찮을지 한참을 망설였다. 내가 과연 무슨 말을 해줄 수 있을까? 내게 닥친 일들조차 버거워하는 주제에……. 병실에 도착했지만 차마 아무 말도 못하고 누워 있는 이웃의 손을 잡아주었다. 그러자 의식이 혼미한 가운데서도 그녀는 내게 이렇게 말했다. "세라, 손이 차갑네요. 내 손 꼭 잡아요." 내 손이 차가운 것은 사실 긴장과 두려움 탓이었다. 하지만 그녀가 따뜻하게 손을 잡아준 덕분에, 도리어 나를 위로하며 말을 건네준 덕분에 내 마음에 용기가 생겨나는 것 같았다.

셸던 콥 박사는 우리의 인생이 망명길을 걷는 것과 같다고 비유했다. 그 길 위에서 정말로 중요한 일은 무엇일까? 셸던 콥 박사가 말했듯이, '길을 가다 우연히 만난 아이가 겁에 질려 있을 때 보살펴주는 것'이 아닐까?

도저히 견딜 수 없을 것 같아도
이 또한 지나간다

도저히 견디지 못할 것 같은 순간, 보이는가. 저 앞 길모
퉁이에서 기쁨이 당신을 기다리고 있다.
— 주나 반스Djuna Barnes, 소설가

오랫동안 두려움에 빠져 있는 상태는 사회적으로 용인되지 않
는다. 우리는 한순간 두려움을 느끼는 것은 괜찮지만 그 그늘에서
하루 빨리 벗어나 긍정적인 상태로 돌아올 것을 요구받는다. 그러
나 두려움은 혼자서 오지 않는다. 심신의 고통, 새로운 모험이나
상실을 동반하기에 며칠 또는 몇 달 동안 꼼짝 못할 수도 있다. 사
실 어떤 두려움은 영영 사라지지 않으며, 우리가 직접 대면하거나
인내하지 않는 이상 그 모습 그대로 자리를 지키기도 한다. 아마
동의하기 어려울지도 모르지만 견디기 어려운 두려움을 품고 사
는 것은 엄청난 보상을 해줘도 모자랄 만큼 실로 용감한 일이다.

캐롤이 지금 그런 상황에 놓여 있다. 40대 후반의 교사인 그녀
는 몇 달 전 유방암 진단을 받았다. 바로 그 다음날 가슴에 난 종

양을 절제했으며 지체 없이 방사선 치료가 이어졌다. 그러나 암 선고를 받은 그날부터 두려움은 그녀를 매일같이 따라다녔다. 감당할 수 없을 만큼 어마어마하게 커질 때가 있는가 하면, 구석에서 조용히 잠잘 때도 있었다. 그러나 절대 캐롤을 떠나는 법은 없었다. 두려움에 온몸이 부들부들 떨리기도 했고, 어딘가 조금이라도 아프면 행여 암세포가 전이된 것은 아닐까 불안해졌다. 전에는 일에 몰두하다 보면 뭐든 잊을 수 있었는데, 더 이상 이 방법도 소용이 없었다. 여행을 좋아했지만 수술을 받은 다음부터는 집에서 멀어질수록 불안한 마음만 커졌다. 그녀는 우울한 얼굴로 이렇게 말하기도 했다. "어딜 가든 나 자신과 함께 해야 하는데, 나는 스스로에게 썩 좋은 동반자가 못되는 것 같아요."

바닥을 치고 난 후 찾아오는 것

과거 캐롤은 항상 자신감이 넘치고 당당했다. 모두들 의지하고 싶어 하는 사람이었다. 마라톤을 완주하고 요양원에서 봉사 활동을 했으며, 사랑받는 아내이자 어머니로서 가족과 친구들의 말에 항상 귀 기울일 줄 알았다. 그렇게 용감하고 현명했던 그녀가 어째서 쉽사리 두려움을 떨쳐내지 못하는지 주변에서 하나같이 의

아해했다. 그저 그녀에게 기운 내라고 격려해줄 수밖에 없었다.

캐롤 본인 역시 이런 자신이 의아하긴 마찬가지였다. 건강한 몸과 평범한 일상, 평온한 노년의 삶을 당연히 누릴 수 있을 것이라 여겼는데, 두려움이 그녀를 송두리째 뒤흔드는 것만 같았다. 언젠가 성경 구절에서 읽었던 '어둠의 골짜기'까지 깊숙이 끌려들어가는 기분이 들었다. 그러던 어느 날 캐롤은 전혀 예상치 못한 감정을 발견했다. 놀랍고 감사하게도 그토록 두려운 상황 속에서 진정한 삶의 기쁨을 맛보기 시작한 것이다.

이제는 20여 년간 결혼 생활을 한 남편과 일상을 나누는 일이 새삼 새롭게 느껴졌다. 매일 마시던 차 한잔도 서두르지 않고 향과 맛을 한 모금씩 즐길 줄 알게 되었다. 은행에서 순서를 기다릴 때는 초조해하는 대신 잠시 명상을 할 기회를 얻었다고 생각하기도 했다. 우리가 이 지구상에 잠시 머무르는 존재라는 사실을 깨달은 덕분에 캐롤은 자기 자신과 타인을 향해 연민의 감정을 품게 되었다. 그녀는 전보다 더 많이 웃고 편견에서 더 자유로워졌다.

도무지 사라질 줄 모르는 두려움과 대면하길 바라는 사람은 없다. 그러나 그 두려움을 견디는 과정에서 진실로 귀한 것들을 배울 수 있다. 바닥을 치고 실컷 헤매고 다닌 후에야 마침내 지친 두 발로 기쁨의 춤을 출 수 있다는 것을. 어쩌면 우리는 평생토록 흔들리겠지만 결국에는 슬기롭게 헤쳐나가리란 것을.

도무지 사라질 줄 모르는 두려움과 대면하길 바라는 사람은 없다.
그러나 그 두려움을 견디는 과정에서 진실로 귀한 것들을 배울 수 있다.
바닥을 치고 실컷 헤메고 다닌 후에야 마침내
지친 두 발로 기쁨의 춤을 출 수 있다는 것을.

내 삶이 더 나아지게 하는 확실한 방법

이 세상에서 손쉬운 일은 오직 죽음뿐이다.
— 조지프 캠벨Joseph Campbell, 비교신화학자

안정적인 삶을 얻지 못할까 봐 두려운가? 한곳에 정착하여 편안한 일상을 누리지 못할까 봐 두려운가? 원하는 대로 목표를 이루는 날이 영영 오지 않을까 봐 두려운가? 비극과 고통, 상실뿐 아니라 상황이 점점 악화되거나 불편해지는 것은 정도만 다를 뿐 평생 끊이지 않는다. 어떤 문제들은 당신 마음속에 마치 터줏대감처럼 머무르며 죽을 때까지 가르침을 주는가 하면, 잠시 머물렀다가 강렬한 교훈을 남기고 사라지는 문제들도 있다. 기쁜 일에도 버거운 의무가 따르기는 마찬가지이다. 아이를 낳는 과정을 생각해보라. 심지어 정원을 가꾸거나 휴가를 가는 일조차 그렇다.

4년 전, 내 소중한 친구 브라이언이 마흔이라는 이른 나이에 세상을 떠났다. 그는 제법 큰 건축 회사를 운영했으며, 아내와 두 자

녀를 지극히 사랑했고, 교회에서도 열심히 활동했다. 스키를 좋아해서 틈만 나면 콜로라도로 떠났다. 그가 동맥류로 쓰러진 날도 가족들과 함께 스키 여행을 떠나 휴가를 즐기고 있었다.

내가 아는 사람 가운데 브라이언만큼 삶을 있는 그대로 받아들이는 이는 없었다. 그는 기쁨과 고통 모두 망설임 없이 대면하며 하루하루를 충만하게 살아갔다. 어떤 일에도 평정심을 잃고 뒤처지는 법이 없었다. 물론 이리저리 벌여놓고 매듭짓지 못한 문제들도 있었고, 일상이 슬픔과 환멸, 실망으로 뒤범벅되는 때도 있었다. 그러나 그는 인생은 살아갈 가치가 있는 것이라는 사실을 단 하루도 잊지 않았다.

마지막으로 브라이언의 시신을 봤을 때 내가 느낀 슬픔은 말로 표현할 수가 없다. 그의 얼굴에서 떠날 줄 모르던 활기와 무엇이든 반길 준비가 되어 있던 생생한 표정이 흔적도 없이 사라져버렸기 때문이다. 평온한 얼굴이었지만 내가 알던 브라이언이 아니었다.

이 순간과 포옹하라

:

몇 년 전 내가 사는 곳 근처에 비교신화학자 조지프 캠벨의 시신이 안치되었다. 호젓하면서도 아름다운 무덤이다. 나는 그 근처 기다란 돌의자에 앉아 있길 좋아한다. 자리를 잡으면 바로 앞에 조지프 캠벨의 무덤을 가리키는 구릿빛 명판이 눈에 띈다. 맑은 날에는 찌르레기 울음소리도 들린다. 하와이의 따뜻하고 부드러운 소나기가 내려 어깨를 가볍게 간질일 때도 있다.

며칠 전에는 평소처럼 무덤가에 앉아 한동안 생각에 잠겼다. 현재 내게 닥친 골치 아픈 문제들로 고민하면서 브라이언과 조지프 캠벨을 떠올렸다. 두 사람에게 이렇게 질문을 던지고 싶은 심정이었다. "당신들은 어째서 그토록 삶에 충실할 수 있었나요? 짜증나고 지치는 순간들도 많았을 텐데, 어떻게 그럴 수 있었지요?" 문득 그들이 내 질문을 들었다면 이렇게 대답했을 것이라는 생각이 들었다. "이 세상에서 손쉬운 일은 오직 죽음뿐이니까요."

그렇다. 마음 편히 숨 쉬며 있는 그대로의 삶을 즐기라는 뜻이다. 지금 당장, 다음으로 미루지 말고 삶을 끌어안아라. 더 나아질 것 같지 않은 두려움을 붙잡고 있을 필요는 없다. 지금 이 순간을 끌어안으며, 다음번에는 뭔가 다를 것이라는 헛된 기대를 버려라. 그저 고마운 마음으로 매 순간을 꽉 끌어안아주라. 얼핏 눈물이 고이고 마음 한구석에 아직 절망이 웅크려 있어도 안아주라. 매일매일 이 단순한 감사의 표현을 잊지 말자. 조용히 읊조려도 좋고, 크게 소리 내어도 좋다. 이것이야말로 어떤 상황이 닥치든 삶이 더 나아지도록 하는 확실한 방법이다.

한 번에 하나씩 해결하라

> 사람들은 현명해지길 두려워한다.
> — 린 앤드루스, 작가

두려움을 대면하고 느끼는 과정은 습관화할 수 있고, 살아가는 내내 꾸준히 연습할 수 있다. 이제 여러분도 그 방법을 알 것이다. 마음속에 두려움이 생겨나는 순간마다 과감하게 마주 보며, 그 존 재를 인정하면 된다. 또한 그 존재를 느끼며, 마음을 열고 두려움 의 원인을 이해하면 된다.

지극히 단순한 방법이지만, 여전히 만만찮은 문제다. 쉽지는 않 을 것이다. 그러나 계속해서 두려움과 대면하며 지혜의 길에 올라 서야 한다. 지혜를 얻기 위해서는 여러 면에서 고단하기 그지없는 과정을 거칠 수밖에 없다. 그것은 누구나 마찬가지다.

무엇이 그토록 고단하느냐고? 우선 두려움에 맞서고 지혜를 얻 고자 노력하는 과정에는 한시도 쉴 틈이 없다. 어제 두려움을 대면했다고 해서 오늘 그보다 더 큰 두려움이 나타나지 않으리라는 법은 없다. 게다가 두려움이란 녀석은 덩치가 크면 클수록 자비가 없으며, 하필이면 자잘한 문제들로 정신 없을 때 나타난다. 이를테면 고양이가 집을 나갔을 때, 직장에서 해고당한다거나, 세탁기가 고장 나버렸을 때, 어머니가 큰 병에 걸렸다는 사실을 알게 된다거나 하는 식이다. 더구나 의식적으로 두려움을 마주하고 주목하는 일은 정말 어마어마하게 어렵게 느껴지는 탓에, 누구나 두려움이 닥치면 당장이라도 도망가고 싶어지기 마련이다. 두려움을 마주하는 동안 따라오는 책임감 역시 무겁게 느껴지긴 마찬가지다.

두려움이 당신 마음속에서 우후죽순으로 자라나는 동안에는 내 코가 석자라는 생각에 나 혼자 살아남기 바쁘다. 하지만 두려움을 차분히 달랜다면 관점을 바꿀 수 있다. 나부터 살아남아야 한다는 생각에 급급하기보다 주변을 둘러보고 다른 이들의 상황을 이해할 여유가 생긴다. 그리하여 몇 달 혹은 몇 년 후에는 '적'이라고만 생각했던 타인을 향해서, 이 세상 전체를 향해서 넉넉하고 따뜻한 마음을 베풀 수 있을지도 모를 일이다.

현명해지길 두려워하는 까닭

:

  지금쯤 당신은 어느 정도 동의하면서도 내심 의구심을 품고 있을지 모르겠다. 당신이 두려움과 함께 찾아오는 지혜를 과연 받아들일 수 있을지에 대해 말이다. 이 책을 쓴 나와 메릴린은 당신이 언제까지고 절망적인 상태에 빠져 있지 않기를 바란다. 옴짝달싹할 수 없는 상황에서 행동하지 않을 핑계를 찾거나 불확실한 느낌에 얽매여 현상 유지를 바라는 것은 너무나 자연스럽고 인간적인 일이다. 그러나 그것은 동시에 바로 코앞에서 지혜를 포기하게 만드는 함정이기도 하다. 당신은 지혜가 요구하는 것들을 해낼 준비가 충분히 되어 있지만 도무지 이를 수긍하기 어려울 수도 있다. 어리석게도 지혜로운 사람이 되길 두려워하는 까닭이다.

  이런 난관을 어떻게 뛰어넘을 수 있을까? 방법은 하나뿐이다. 한 번에 두려움 하나씩 대처하겠노라 마음먹는 것이다. 지금은 이것 하나, 다음에는 저것 하나……. 그렇게 하나씩 해결하다 보면 앞서 해낸 일들이 차곡차곡 쌓이면서 놀라운 연금술이 펼쳐진다. 처음에는 대단해 보이지 않던 노력이 용기라는 황금으로 탈바꿈하는 것이다.

  이토록 힘들게 얻은 용기는 당신이 서서히 지혜를 받아들이도록 도와준다. 하나의 가치로서 지혜를 이해하고 지혜가 그려주는

지도를 알아볼 눈이 생기도록 이끌어준다. 지혜의 세계에는 수많은 길들이 갈래갈래 나 있다. 그래서 어느 길을 선택하느냐에 따라 생각의 힘을 기를 수 있게 되기도 하고, 평정심을 찾아 좀 더 단단한 마음으로 진정한 기쁨과 평화로 나아가기도 한다. 어둠에서 벗어나기 위해 매일 하나씩 노력해보자. 포기하지 않고 길을 걸으면 지혜가 선사하는 보물에 더욱 가까워질 것이다.

용기가 필요한 순간마다 기억할 이야기

끝으로 지금까지 소개한 용기가 필요한 순간마다 도움이 될 만한 팁을 정리해보았다. 이미 알고 있긴 하지만 두려움에 시야가 가려지는 탓에 잊어버리기 쉬운 내용이기도 하다.

● 두려움을 느껴야 한다

두려움이라는 감정이 싫고 이로부터 도망치고 싶을 것이다. 그러나 살아가는 내내 다양한 상황에서 다양한 크기와 형태로 두려움을 경험할 수밖에 없다는 것을 기억하자.

● 용기는 당신이 두려움과 마주하는 순간 자라난다

두려움에 대한 과도한 걱정은 피하되, 이를 온전히 체험해야 한다. 두려움을 인지하며 시선을 피하지 않고 마주 보는 것은 이 체험의 첫걸음이자 가장 어려운 단계이다.

● 용기는 이미 당신 안에 있다

당신 자신을 믿어라. 동시에 용기로 하여금 당신이 가야 하는 곳, 당신이 증명해야 하는 것을 향해 나아가도록 자신을 내맡기길 바란다. 필요하다면 잠시 자리에 앉아 용기가 말하려는 진실이 무엇인지 생각해보라.

● 두려움은 당신의 스승이 될 수 있다

두려움과 대면하면 그로부터 미처 생각하지 못한 배움을 얻을 수 있다. 처음에는 그 가르침이 잔인하며 쓸데없고 터무니없게 느껴질지도 모른다. 하지만 마음을 열면 사뭇 다르게 와 닿는다. 시간이 갈수록 두려움이 전하는 메시지를 더욱 깊이 이해할 수 있을 것이다.

● 두려움의 속삭임에 귀 기울이되, 거리낌 없이 반대 의사를 표현하라

두려움은 당신에게 때때로 멈추라고 하거나 신중하게 움직이라고, 혹은 부리나케 달아나라고 충고할 것이다. 물론 그 충고에 따라야 할 때도 있겠지만, 과감히 반대해야 하는 때도 있다는 것을 잊지 말자.

● 지속적으로 연습할수록 두려움을 명확히 볼 수 있다

불안하고 두려운 감정을 피하지 않기 위해 노력해야 하는 이유는 더 있다. 이런 감정을 제대로 느낄수록 내면에 있는 두려움의 존재를 충분히 이해할 수 있기 때문이다. 두려움의 본성을 알면 당신 자신에게 선택권이 있다는 사실을 깨닫게 될 것이다. 두려움이 당신을 지배하는 것이 아니라, 당신이 두려움을 지배할 수 있다는 사실 말이다. 기억하라. 두려움에게는 당신에게 명령을 내리거나 당신의 인생을 제멋대로 휘두를 권리가 없다.

● 두려움을 무시하지 마라

부정하고, 비판하고, 비난하고, 억압하고, 축소하는 것. 이런 부정적인 마음만큼 두려움을 쑥쑥 자라게 하는 영양분은 없다. 당신이 해야 할 일은 그저 두려움의 존재를 알아차리는 것이다. 그것을 받아들이고, 존재를 인정하면 된다. 당신 자신을 깎아내릴 필요도 없고, 두려움을 안 보이는 곳에 굳이 숨기려 애쓸 필요도 없다.

● 의구심이 들 수도 있다는 것을 기억하라

이 모든 사실을 다 알고 있다 해도 심신이 너무 지치거나 자칫 방심한 순간에는 모든 것을 포기해버리고 싶어질 수도 있다. 어쩌면 이런 사실을 알고 있다는 것조차 잊어버릴지도 모른다. 정말로 이런 상황이 닥치면 두려움에 굴복당할 수도 있고, 용기를 과연 되찾을 수 있을까 하는 의구심이 들기도 한다.

● 당신 마음속에는 용기의 씨앗이 있다

두려움 때문에 한 걸음 물러섰다면 기억할 것이 있다. 당신 내면에는 여전히 용기의 씨앗이 있으며, 마음만 먹으면 언제든 싹틔울 수 있다.

진정으로 용기 있는 사람들은 완벽하지 않더라도 포기하지 않는다. 당신 자신을 믿고 다시 한 번 시도해보라. 두려움을 대면하고 느끼면서 두려움과 친구가 되겠다고 결심하는 것이다. 한 번 더, 그리고 한 번 더 두려움의 존재를 인식하는 행동만으로도 두려움의 존재를 변화시킬 수 있다.

Note

마음이 불안할 때 도움이 될 만한 책 ————————

《모든 것이 산산이 무너질 때When Things Fall Apart: Heart Advice for Difficult Times》
페마 쵸드론Pema Chödrön, 한문화, 2010년 10월

《지금 여기에서 달아나지 않는 연습The Places That Scare You》
페마 쵸드론Pema Chödrön, 한문화, 2011년 3월

《죽음의 수용소에서Man's Search for Meaning》
빅터 프랭클Viktor E. Frankl, 청아출판사, 2005년 8월

《진짜 두려운 것은 아무것도 없다Feel the Fear and Do It Anyway》
수전 제퍼스Susan Jeffers, 도솔, 2000년 10월

《마음의 숲을 거닐다A Path with Heart: A Guide Through the Perils and Promises of Spiritual Life》
잭 콘필드Jack Kornfield, 한언, 2006년 11월

《아는 것으로부터의 자유The First and Last Freedom》
지두 크리슈나무르티J. Krishnamurti, 물병자리, 2002년 4월

《살아가는 모든 순간을 기적으로 바꾸는 틱낫한 명상The Miracle of Mindfulness: A Manual in Meditation》
틱낫한Thich Nhat Hanh, 불광출판사, 2013년 4월

《틱낫한의 평화Peace Is Every Step: The Path of Mindfulness in Everyday Life》
틱낫한Thich Nhat Hanh, 인빅투스, 2015년 10월

《샴발라Shambhala: The Sacred Path of the Warrior》
쵸감 트룽파Chögyam Trungpa, 미들하우스, 2015년 5월

《가장 따뜻한 집Two Old Women: An Alaska Legend of Betrayal, Courage and Survival》
벨마 월리스Velma Wallis, 홍익출판사, 2000년 8월

《영혼의 의자The Seat of the Soul》
게리 주커브Gary Zukav, 나라원, 2000년 10월

옮긴이 **이지혜**

인하대학교에서 영어영문학, 한국어문학을 공부했으며 미국 트로이대학교에서 영문학을 공부했다. 현재 출판번역가이자 기획편집자로서 활동하고 있다.

괜찮다고 말하면 달라지는 것들

초판 1쇄 발행 2016년 9월 5일
초판 3쇄 발행 2018년 3월 9일

지은이 세라 퀴글리, 메릴린 시로여
옮긴이 이지혜

펴낸이 • 박선경
기획/편집 • 김시형, 이지혜, 한상일, 남궁은
마케팅 • 박언경
표지 디자인 • 엄혜리
본문 디자인 • 김남정
제작 • 디자인원(031-941-0991)

펴낸곳 • 도서출판 갈매나무
출판등록 • 2006년 7월 27일 제395-2006-000092호
주소 • 경기도 고양시 덕양구 은빛로 43 은하수빌딩 601호
전화 • (031)967-5596
팩스 • (031)967-5597
블로그 • blog.naver.com/kevinmanse
이메일 • kevinmanse@naver.com
페이스북 • www.facebook.com/galmaenamu

ISBN 978-89-93635-73-7/03190
값 13,000원

이 도서의 국립중앙도서관 출판예정도서목록(CIP)은 서지정보유통지원시스템 홈페이지(http://seoji.nl.go.kr)와 국가자료공동목록시스템(http://www.nl.go.kr/kolisnet)에서 이용하실 수 있습니다. (CIP제어번호: CIP2016019867)